体罰はいかに処分されたか

行政文書における体罰と処分の研究

早﨑元彦 著
Hayasaki Motohiko

法律文化社

体罰はいかに処分されたか
行政文書における体罰と処分の研究

はしがき

　本書は，大阪大学大学院法学研究科博士前期課程の修了にあたって提出した修士論文「教育システムにおける二重のサンクションの一考察——情報公開請求による大阪府の体罰事案にかかる行政文書を手がかりとして——」を出版にあたって改題し，一部加筆修正を行ったものである。周知のように，体罰は法律で禁止され，これまでその抑止が強く求められてきているが，その実態は十分把握されているとはいえない。質問紙による調査研究や判例研究等の先行研究は比較的多く見られるものの，処分等に関わる行政文書そのものを分析した研究は少ない。そこで，本書では，大阪府の情報公開条例に基づいて「教員の体罰に関わる懲戒処分等の行政文書（2001〜2005年度）」を入手し，これを対象として体罰の実態と懲戒処分等のあり方を分析することにより，主として児童生徒および処分される教員の二つのレベルでの手続保障について提言することとした。この研究を指導していただいたのは，法社会学がご専門の福井康太准教授である。福井先生には，論文指導・論文審査・拙書の出版交渉に至るまで，言葉では尽くせない学恩とご厚誼を賜った。心から感謝を申し上げる次第である。

　本書の研究に至る前史について，少し説明を加えておきたい。筆者が，学校事務職員という仕事と長年携わってきた教職員組合の活動を通じて最も痛感したのが法の体系的な理解の必要性であった。2001年4月，48歳の春に私は神戸大学法学部夜間主コースへの入学を果たした。魅力的な法領域との出会いはいくつかあったが，最も興味をひかれたのが，樫村志郎教授の法社会学概論という講義であった。講義内容は難解で，不出来な学生ではあったが，法解釈学とは異なる法の機能的理解という世界との出会いによって，教育と社会と法との関わりを考える上での重要な手がかりを得たように思われた。まず，着手したのが，「旭川学力テスト事件」（最大判昭和51.5.21刑集30巻5号615頁）の再検討であった。この作業によって，私は教育権概念をめぐる二項対立（教育行政 vs. 教

職員組合）という「大きな物語」の終焉を確信し，次いで，1980年代から始まる体罰やいじめなどの子どもの権利侵害をめぐる法的紛争の研究へと足を踏み出すことになった。午後9時に講義が終わると学生たちは足早に講義室を出る。六甲台キャンパスの暗闇の植え込みの中には，黒い大きな岩のようなイノシシが，のそりのそりと動き回っていた。恐る恐る足音を忍ばせ，眼下に広がる神戸港の宝石箱のような光を眺めながら，若い学生たちとともに急な坂道を下った。そうして，4年間の学部生活が終わりを告げた。

　その後，大阪大学大学院法学研究科で取り組んだ研究課題は，「教育紛争と法」であった。研究目的は，体罰という法現象を取り上げ，その実態や法意識などを調査し，その抑止のための政策提言を行うことにあった。研究資料としては，これまで研究実績の少ない「情報公開請求による行政文書」に絞ることに決めた。前期課程2年目の6月，大阪府の2001～2005年度の体罰に関わる処分等を中心としたＡ4約1700枚の公文書を入手することができた。この行政文書の解読という作業は，子どもの頃に読んだジャン・アンリ・ファーブルの『昆虫記』の観察やアラン・ポーの『黄金虫』の謎解きを思い出させた。分析の枠組みは，法社会学のゼミで触発されたニクラス・ルーマンの諸論考からの着想によるものである。伏せ字だらけの文字の森に分け入って，どのように体罰が発動され，問題構成されていくのか，いかにして教員の処分等は行われているのかについて，文書の解読に没頭した。だが，その一方で，一定の評価に耐える論文を書くことができなければ，この研究は価値がないのではないか，との焦燥感に晒される日々でもあった。

　論文作成の進捗状況を報告する夏のある日，豊中キャンパスの緑深い中山池あたりの蝉時雨は苛立ちを覚えるほどに喧しく，研究室への足取りは重たかった。「先生，どうもこのままでは業界レポートにしかなりそうもありません」。思わず私がそうこぼしたとき，福井先生はほんの少し間をおいて次のようにおっしゃった。「早﨑さん，そんなものですよ。そこにプラスαがあればいいんです」。この言葉は，目の前の年嵩の社会人院生が，理想的修士論文症候群とでも称すべき病に罹っていることを見抜き，背伸びをせず地道な努力を続けるこ

はしがき

とが大切なのだと婉曲に諭すものであった。この日を機に，他者に誇るための結果ではなく，自分が研究した証としての論文を完成させることが目標となった。資料分析の作業は9月の初め頃にひとまず終わった。だが，その結果からは，いくつかの小さな発見はあっても，意義ある結論を見出すことは困難だった。福井先生は「このままでは落ちないんですよね」と呟かれ，児童生徒と処分を受ける教員についての適正手続を考察することを示唆された。こうして論文の最終的な骨格が決まった。基礎法研究会による修士論文構想発表会での先生方や院生の方々からの質問や指摘は大いに参考になった。論文審査にあたっては，三成賢次教授，中山竜一教授の両先生から貴重な助言を頂戴することができた。ここにあらためて感謝を申し上げたい。初学者の拙い論考ではあるが，心ある人が本書を手にしていただき，教育における法の機能，ことに権利保障に関わる諸課題について関心を寄せて頂ければ，これにつきたる幸せはない。

　2008年4月，門真市立第七中学校主幹から浜町中央小学校の教頭に任用され，教育労働運動の主導的役割からは身を引くことになった。とはいえ，「教育紛争と法」研究が，私のライフワークの一つであることには変わりない。この点では2006年4月からの2年間，新たに創設された労働審判制度の労働審判員として実務に携わったことにより，裁判外紛争処理(ADR)を研究していく上での貴重な経験を得ることができた。今後，教育紛争の処理制度のあり方についての考察を行っていく際にその経験を生かすことができればと考えている。

　一社会人院生の修士論文の出版が実現できたのは，なによりも法律文化社の社長である秋山泰氏のご配慮のお陰である。編集担当の舟木和久氏には，きめ細かで適切なアドバイスをいただき，少しは読みやすい論文になったかとも思われる。両氏には，感謝の念でいっぱいである。最後に，2年間の気ままな研究生活を支えてくれた伴侶である憲子に感謝したい。当人には迷惑かもしれないが，本書の第一番目の読者としての権利は憲子が有している。

　　2008年10月　　　　　　　　　　　　　　　　　　　　早﨑　元彦

目　次

　はしがき

第 1 章　観察の観点と方法 …………………………………………… 5

第 2 章　行政文書による観察の意義 ………………………………… 11

第 3 章　様　相 ── 事案の概要 ……………………………………… 16

第 4 章　発　動 ── 二重の非違行為と相互作用 …………………… 21
　　第 1 節　二重性の法的意義 ── 活動類型と法益侵害をめぐる非違行為の相関　22
　　第 2 節　指導の意味 ── 理解義務の履行請求と固有性・時間圧力・非対称的関係　29
　　第 3 節　懲戒としての有形力の機能 ── ケース分析　35

第 5 章　構　成 ── 非難可能性をめぐる相互作用 ………………… 46
　　第 1 節　伝達の状況　47
　　第 2 節　当事者による第一次構成　51
　　第 3 節　第二次構成と伝達　53
　　第 4 節　相互作用と非難可能性の拡張　58

第 6 章　帰　結 ── 非難可能性の確定 ……………………………… 71
　　第 1 節　信　頼　74
　　第 2 節　人権侵害言説　79
　　第 3 節　量定判断　86

第7章　組織保護と適正手続 ……………………………………… 102
　第1節　諸過程の課題と総括　102
　第2節　従来の手続論の概観　105
　第3節　適正手続の意義　110

第8章　手続保障と信頼 ……………………………………………… 113
　第1節　児童生徒の手続保障　113
　第2節　教員の手続保障　120
　第3節　保護者の関わりと信頼　122
　第4節　若干の提起　123

おわりに ……………………………………………………………… 131

　資　料
　　［資料1］　大阪府教職員懲戒処分等に係る体罰事案の概要（2001〜2005年度）
　　［資料2］　児童生徒の非違行為と教員の非違行為〈教育活動類型〉
　　［資料3］　有形力の発動に至る児童生徒の態度等と指導の意図
　　［資料4］　ケース31　ＰＴＡの機能
　　［資料5］　人権侵害等への言及（抜粋）

　参考文献
　ＵＲＬ

はじめに

　わが国の法によって禁じられた体罰は[1]，行政解釈によってその概念が明示され[2]，裁判例においては有形力の行使の容認をめぐり揺らぎが見られたものの，体罰禁止原則を厳格に解してきた学説への新たな論点とはならず，今日的には解釈上の重要争点を有してはいるとはいえない[3]。主要な関心は，体罰の解釈にではなく，法現象の実態解明と抑止に注がれているといってよい。例えば，近年，文部科学省は全国公立学校における体罰の発生件数やそれに係る都道府県および政令指定都市ごとの教員の懲戒処分等を公表してきた。そうした統計によれば，体罰発生件数は年間約1000件前後で推移する一方，懲戒処分等件数の明らかな増加が認められ，各地で体罰事例への適用条項を含む教職員懲戒処分規定や公表基準が整備されつつある[4]。

　行政による情報提供が進展する一方で，体罰には暗数が存在する，ともいわれてきた。法実務家の中には，学校の閉鎖性や体罰の日常化への疑念を抱くものもあり，教員の人権意識の希薄さが慨嘆されてきた[5]。また，研究者からは，法システムへの接合あるいは機能への不信が表明されてもいる[6]。だが，肝心の学校の中で一体何が生起し，どのような過程を経て体罰が認知され，いかなる

1）学校教育法第11条
　校長及び教員は，教育上必要があると認めるときは，文部科学大臣の定めるところにより，児童，生徒及び学生に懲戒を加えることができる。ただし，体罰を加えることはできない。
2）「児童懲戒権の限界について」（昭和23.12.22　調査二発第18号　法務庁法務調査意見長官から国家地方警察本部長官，厚生省社会局，文部省学校教育局あて）では，「学校教育法第11条にいう体罰とは，懲戒の内容が身体的性質のものである場合を意味する。すなわち（1）身体に対する侵害を内容とする懲戒——なぐる・けるの類——がこれに該当することはいうまでもないが，さらに（2）被罰者に肉体的苦痛を与えるような懲戒もまたこれに該当する。たとえば，端座，直立等，特定の姿勢を長時間にわたって保持させるというような懲戒は体罰の一種と解せられなければならない」等としている。季刊教育法・臨時増刊号『体罰・いじめ』エイデル研究所，1988年，152頁。

判断によって処分等がなされているのかに関する基礎的な研究については，管見によれば判例分析や意識調査による研究に比してその蓄積は見当たらない。[7]

本書は，こうした状況をふまえ，情報公開請求によって入手した行政文書における体罰事案および教員の懲戒処分等のありように着目し，これを教員によ

3）①戦後のリーディングケースおよび「有形力の行使」をめぐり，主要に対比される裁判例として，以下がある。
　・「池原中事件」（大阪高判昭和30・5・16高刑集8巻4号545頁）。
　　戦後はじめて体罰禁止の法意を日本国憲法の趣旨（基本的人権の尊重・暴力否定）との関連で論及したもの。その特徴は①殴打のような暴行行為は，たとえ教育上必要があるとする懲戒行為としても，その理由によって犯罪の成立上違法性を阻却しない②学校教育法に直接処罰規定がないこと，違反者に対して監督官庁による行政上の措置を取り得ること，刑罰法規に触れることはお互いに相排斥しない③殴打の動機が子女に対する愛情に基づくとか，全国的に行われている一例にすぎない等は，解釈を左右する実質的理由とならない④懲戒権については，教育のほか監護の権利と義務がある親の場合と教育の場でつながるにすぎない場合とでは本質的な差異がある，とした点に特徴がある。
　・「水戸五中事件」（東京高判昭和56・4・1判時1007号133頁）。
　　この判決の特徴は，教員の懲戒権の行使について，懲戒の方法・形態としては単なる口頭の説教のみにとどまることなく，そのような方法・形態の懲戒によるだけでは微温的にすぎて感銘力に欠け，生徒に訴える力に乏しいと認められる時は，教師は必要に応じ生徒に対し一定の限度内で有形力を行使することも許されてよい場合がある，とした点である。
　・「新水戸五中事件」（東京高判平成2・3・27判タ748号189頁）。
　　本判決は，体罰禁止の厳格解釈を改めて明確にし，「水戸五中判決」がその系譜に位置づかないこと，事実上，体罰と有形力の行使に関する解釈を否定したものと捉えられる。
　　なお，「水戸五中事件」は上告されず高裁判断にとどまり，「新水戸五中判決」は最高裁もこれを支持。「水戸五中事件判決」に対しては，文部省当局からも批判が出され，教育法学会からも批判を受けた，とされる。今橋盛勝「体罰判例の教育法的検討」牧柾名ほか『懲戒・体罰の法制と実態』学陽書房，初版，1992年，66-90頁。
②学説における体罰の厳格解釈につき，兼子仁『教育法（新版）』有斐閣，1978年，435-436頁。
③体罰の定義については，今橋盛勝『学校教育紛争と法』エイデル出版，1984年，56頁。
　　体罰とは「①学校教育法関係の下で，②教員が，直接的または間接的に，生徒らに対して行う，③教育目的をもった，④懲戒行為のうち，⑤生徒らの肉体に苦痛を与える行為をいう」との規定が明確である。
④もっとも，「法的，教育条理上，許される体罰的懲戒行為」を説くものがないわけではない。例えば，杉田荘治『学校教育と体罰』学苑社，1983年，23頁。同著者によるものとして『体罰判例30選』学苑社，1984年。杉田は元県立高校校長。ただし，杉田の主張は，親の教育権・懲戒権の委託を論拠にしたもので，学説上も判例上も退けられていると思われる。

はじめに

る児童生徒の非違行為への懲戒，教員の非違行為に対する懲戒処分等として一体的に捉えることにより，体罰という教育法現象の分析に係る固有性を前提条件としつつ，第一に教員による事実上の懲戒としての有形力の発動・体罰への構成・帰結の観察，第二に懲戒処分等に寄与する要素の抽出，第三に従来の適正手続についての論議の整理を行い，観察・考察から得られた知見をもとに，児童生徒および教員の手続保障に関する若干の提起を行おうとするものである。なお，下線部の強調部分は，原則として著者による強調であり，それ以外のものには，「下線は原文のとおり」と明記する。

4）例年，文部科学省は，「生徒指導上の諸問題について（概要）」の中で，公立の小・中・高等学校および盲・聾・養護学校を対象として①体罰ではないかとして問題とされ，学校で調査した事件の発生学校数と発生件数②体罰に係る懲戒処分等の状況，を公表している。懲戒処分に関する処分基準の作成および懲戒処分の公表に関する取り組み状況（平成18年11月1日現在）によれば，全国都道府県及び政令指定都市で，懲戒処分全般に関する基準を作成（33），懲戒処分の一部に関する処分基準を作成（26），基準を作成していない（3），また，処分をすべて記者発表または資料提供等により情報提供している（59），重大な案件のみ記者発表または資料提供により情報提供している（3）となっている。

5）日弁連の活動例から，「いじめ　体罰110番の実施」（東京3会による「子どもの日　記念特別相談　平成10．5．9の報告」）を紹介しておく。電話，面接　98件（子どもからの相談が本人の友人含め22件）としたその内訳は，いじめ40件，体罰5件であったが，そのコメントでは体罰に触れて次のように感想が述べられている。「……体罰の相談は5件と少なかった。新聞報道によれば，昨年は体罰を理由とする教師の懲戒件数が過去最高であったということであるし，懲戒に至らない暗数もかなりあると推定されるので，相談の需要は決して少なくないと思われる。しかるに，件数が少ないのは，いわゆる『生徒人質論』から相談できないのか，あるいは，体罰が日常的に存在するため慣らされてしまっているのかと不安を覚える。体罰の態様は，教科書を忘れたなどのささいな理由から殴る蹴るなどの暴行を加えるというものであったが，他にも体罰にはあたらないが，出席簿の名前を飛ばす，おまえが学校にいると迷惑などの暴言を受ける，差別的な扱いを受けるなど，教師の精神的ないじめとも言える態度が告発された。いずれも子どもは学校へ行く意欲を失い，身体的にもさまざまな変調を来たしている。……（子どもの権利に関する委員会　委員　額田みさ子）」

暗数の指摘を示唆するものとして，元教師の体験記として，牧僚子『それでも体罰をやめられませんか？』新風舎，2005年。筆者は，自分自身が体罰を行ってきたこと，他の教師の体罰を何度も目撃してきたことなどを告白しており，「（職場では）体罰はあまりよくないとは思っているが，やむを得ないとか，そう重大な人権侵害だと思っていないことが多い」（27頁）などとの指摘もあるが，時期・場所等が特定される記述は一切ない。あるいは，大木雅博『勝つための監督術』文芸社，2001年，では，著者は元中学教師で，本書のサブタイトルは，「だから体罰は必要だった」とされており，「体罰は場合によっては極めて効果的な指導法ですが，強い薬は時には毒にもなります」（85頁）と説くが，当事者の具体的記述はされ

ていない。体罰の意義についての把握は異なるとはいえ,これらの教師の体験ものの特徴は,処分等に波及するような具体的記述を慎重に回避していることにある。
6) 今橋盛勝『教育法と法社会学』三省堂,2001年,100頁。「法的サンクションが発動されないという一つの事件の終末が,体罰の理由・事実が結局は解明されえず,教師・生徒・父母の法意識の負の変容を生み出し,体罰禁止から乖離した学校状況,生徒の一般的人権侵害を促進しているのである」。
7) 判例研究・意識調査等は多数に上る。主要な先行研究については参考文献として掲載。

第 1 章　観察の観点と方法

　課題探求のために設定したのは，以下の観察・考察の枠組みである。
　①　学校においては，教員—児童生徒という非対称的な関係のもとで授業を中心とした相互作用が営まれるが，児童生徒の非違行為に対しては，規範的予期の違背処理として懲戒が与えられることがある。懲戒は，法によるもの，明文化された学校規範等によるものがあるが，教員の裁量権に基づく事実上の懲戒も存在する。
　②　体罰とは，教員による事実上の懲戒であり，かつ，有形力の発動によって児童生徒の身体に影響が及んだことについて違法性評価を受けたものをいう。この児童生徒の行為と教員の行為も基本的には相互作用として捉えられる。
　③　体罰は，違法性・非難可能性をめぐる相互作用・コミュニケーションの中で構成される。
　④　体罰の構成と帰結には，信頼，および体罰は人権侵害であるとの非難が関わる。前者は，非難可能性の拡張として新たな機能の参入に関与する。後者は，当該教員に向けられた非難可能性の言説であり[8]，前者・後者は懲戒処分等という非難可能性の確定に要素として寄与する。
　⑤　懲戒および懲戒処分等という決定には，これを正統化する手続が不可欠となる。正統化とは，決定が拘束力を有するものとして承認されることであり，この受容行為の概念は予期の構造変換に関わっている。決定前提要素・事前手続など，決定に至るあり方について検証を行う。
　以上の内容をいささか敷衍しておきたい。社会現象の観察には，社会学的方

法が要請される。本書では、この方法としては、主要にはニクラス・ルーマン（Niklas Luhmann）の諸論考を参照した[9]。このルーマンの業績は、きわめて抽象度の高いシステム理論構築と社会の諸領域の分析に顕現されている。とはいえ、本書は、ルーマン理論の厳密な理解に基づく応用研究の位置を占めようとするものではなく、社会現象を分析する上での諸概念の高度な一般化という視座、および一般化した諸概念の再特定化という作業に誘引され、その理論からの示唆によって、本研究目的のより効果的な実現に期待した、というのが偽らざる事実である。このことをふまえて、概括的な説明を加えておくことにする。

　ルーマンによれば、近・現代社会のシステムは機能ごとに分化しているとい

8）教育言説分析については、広田照幸『教育言説の歴史社会学』名古屋大学出版会、2004年、を参照。広田は、「近代教育の諸概念や言説の歴史的な問い直しと、現代教育の諸側面に関する同時代的な言説分析との間に存在する、大きな距離をどう埋めるかが、重要な課題として存在している」（6頁）との基本認識を示した上で、「〈体罰問題〉の焦点は、実態にあるのではなくて言説にある。体罰に関する言説が〈体罰問題〉にとっての不可欠の、しかも中核的な構成要素であるとすると、〈体罰問題〉のあり方を左右するのは、言説の構造だということになるのかも知れない」（14頁）と指摘している。広田は、体罰の事実の多様性と言説総体の単一性から言説分析の有効性を述べているが、本書の関心は〈体罰問題〉の言説分析そのものにはない。本書では、むしろ多様な事実がなぜ単一（単純）な言説へと集約されていくのか、その差異に着目することで言説が有する機能の特定化が可能ではないか、という点から限定的に言説分析を試みている。

9）ルーマンの社会理論・法理論の理解のために主要に参照したものとして、福井康太『法理論のルーマン』勁草書房、2002年、ゲオルク・クニール、アルミン・ナセヒ（舘野受男・池田貞夫・野崎和義訳）『ルーマン　社会システム理論』新泉社、1995年、中山竜一『二十世紀の法思想』岩波書店、2000年、160-168頁。ルーマンの著書については、以下の文献を主要に参照した。

　ニクラス・ルーマン（佐藤勉監訳）『社会システム理論（上）』恒星社厚生閣、1993年、ニクラス・ルーマン（佐藤勉監訳）『社会システム理論（下）』恒星社厚生閣、1995年、(*Soziale Systeme: Grundriβ einer allgemeinen Theorie*, Suhrkamp, Frankfurt a.M. 1984.)、ニクラス・ルーマン（村上淳一訳）『社会の教育システム』東京大学出版会、2004年、(*Erziehungssystem der Gesellschaft*, Suhrkamp, Frankfurt a. M. 2002.)、ニクラス・ルーマン　（村上淳一・六本佳平訳）『法社会学』岩波書店、1977年、(*Rechtssoziologie*, 3. Aufl. Opladen: Westdeutscher, verlag, 1987.)、ニクラス・ルーマン（大庭健・正村俊之訳）『信頼』勁草書房、1990年、(*Vertrauen: ein Mechanismus der Reduktion sozialer, Komplexität*, 4. Aufl. Lucius & Lucius, Stuttgart, 2000.)、ニクラス・ルーマン（今井弘道訳）『手続を通しての正統化』風行社、新装版、2003年、(*Legitimation durch Verfahren*, Suhrkamp-Taschenbuch Wissenschaft; 443, 1. Aull., Frankfurt a.M. 1983.)。

う特徴を有し，教育システムはそれらの機能システムの一つである。このことによって，教育システムと他のシステム（例えば，法システム）との区別・連関を明らかにするとともに，教育を独自のコミュニケーション・相互作用として分析することが可能となる。同様に，予期構造〈規範的予期（normative Erwartung）・認知的予期（kognitive Erwartung）・違背処理（Abwicklung von Enttäuschung）〉の概念を用いることで，実定法上の懲戒概念についての一般化を通じて比較可能性を保障し，法領域における関連と相対性とを論じうる。あわせて，教育における秩序や権威の論議を予期連関の観点に変換しうる。また，教育システムの分出

---

10) ニクラス・ルーマン『社会の教育システム』2頁（*Erziehungssystem der Gesellschaft*, S. 14）。
11) ニクラス・ルーマン『法社会学』47-75頁（*Rechtssoziologie*, S. 40-64）。福井康太『法理論のルーマン』48-49頁。
12) 『新法律学辞典（第三版）』985-986頁。実定法における懲戒は，①公法上の特別の監督関係の紀律を維持するために，義務違反に対して一定の制裁を科すもの（懲戒罰）②特別な身分関係にあるものの懲戒として教師の学生・生徒・児童に対する懲戒（学校教育法第11条），親権者の子に対する懲戒（民法第822条）等③使用者が企業の紀律・秩序に反したり，企業の利益を侵害した労働者に対し行う制裁などが挙げられる。懲戒制度をおく場合は，その種類・程度を就業規則に記載する必要がある（労働基準法第89条第1項第9号）。
13) 例えば，代表的なものとして，田中耕太郎の議論を紹介しておく。田中によれば，教育関係には絶対的権威・相対的権威があるという。「教師は学校なる教育的社会中に於ける秩序の維持者として，生徒に対し権威者の地位に立っている。此の資格は当該教師の専門が何であるか，能力及び徳望が如何であるかに無関係に其の教師に備わっているものであり，絶対的客観的のものである。此の故に若し当該教師に生徒が服従しないようなことがあれば，其れは当該教師のみに関することではなく学校の秩序に対する侵害行為になるのである。此の意味に於ける権力服従の関係は恰も一家内に於ける家長と家子との関係のように絶対的のものである。次に教師の教授する内容に関して教師は生徒に対して同様に権威者として顕れる。非常に稀な場合に於いて教えられる生徒の方が教える教師の方よりも知識及び才能の程度に於いて優れて居り，其の方が権威者たる場合があり得るが，一般には勿論教師の方が権威者である。然しながら此の点における権威は，先に述べた意味の権威とは異なって教師個人に備わっている資格であり，絶対的のものでなく，主観的相対的性質のものである」（『教育と権威』岩波書店，1946年，16頁。旧漢字，旧かな遣いを改めている）。
　この田中の主張は，自然法から導かれたもので，サンクションへの言及などはされていないが，教師の権威を秩序（絶対）と専門（相対）として捉える考えは，予期に置き換えると規範的予期と認知的予期の機能に相当すると思われる。基本的には，前者は違背に対して予期を貫徹しなければならず，後者は，予期を修正しうる。すなわちここで秩序が成立しているということは，教師の規範的予期が生徒によって規範的に予期されていることを意味する。

(Ausdifferenzierung) に係る授業概念の生成への指摘は，親の教育権・懲戒権と教師の授業・懲戒権との歴史的相関への理解を深める[14]。予期は，不確定性に関わる概念であるが，信頼は，複雑性の縮減という機能に関わる概念である[15]。予[16]

---

14) ニクラス・ルーマン『社会の教育システム』72頁（*Erziehungssystem der Gesellschaft*, S. 61）。「だが，遅くとも活版印刷の普及によって，また，学ぶべき知識の量と複雑性の増大が顕著になるにつれて，家における生活では足りないことが明白になる。家父たちはショックを受けたに違いない。家庭教師を雇って，家父の監督の下に授業を担当させるという方法があった。その場合，家庭教師は家父の代役を務めた。それに対応して，教育と授業が区別されることになる」。

15) 比較法的に親の懲戒権と教師の懲戒権の歴史を概略すると，次のようなことがいえる。教師の体罰を含む懲戒権がコモン・ロー上の特権として認められてきた英米法系の国々，教師の懲戒権の法的根拠は教育目的にあるとする（慣習法として容認，ただし，親は体罰を含む懲戒権を契約によって委託しうる——このことは後に否定される）ドイツ，「親代わり（in loco parentis）」を否定，教師の体罰を禁止し，懲戒権を制限してきたフランスという典型例が見られるが，これに対して，わが国は，コモン・ローの伝統はなく，また，慣習法にはなく，契約による懲戒権の委託という法形式を観念することもできない。歴史的には，1879年に教育令でまず体罰が禁止され，その後，民法典の親の懲戒権規定（ただし体罰禁止規定はなし）の後を追うように，体罰の禁止に加えて教師の懲戒権が規定された経緯を持つ。そして，この条文の形式は，戦後の教育法規にそのまま導入され今日に至っている。（片山等「アメリカの学校体罰をめぐる民事判例の動向」『懲戒・体罰の法制と実態』所収204-233頁，小玉亮子「近代ドイツの親子関係と懲戒権」同書所収234-255頁，梅澤収「フランス近代における親の懲戒権と教師の懲戒規定」同書所収256-286頁，寺崎弘昭「日本における学校体罰禁止規定の歴史」『イギリス学校体罰史』東京大学出版会，2001年，所収234-235頁。）

16) 複雑性と不確定性の概念については，ニクラス・ルーマン『法社会学』37-38頁（*Rechtssoziologie*, S. 31）。「人間は意味的に構成された世界に生きているのであり，人間にとってのその意義は，人間の生理機構によって一義的に規定されるのではない。それゆえ世界は，人間に体験と行為のきわめて多数の可能性を示すのであり，それに対して，現実に意識的に知覚し，情報を処理し，行為する能力はきわめて限られている。すなわち，その時々に眼前にあり，それゆえ明白に与えられている体験内容のなかには，複雑かつ不確定なもろもろの可能性の示唆が含まれている。ここで，複雑性（Komplexität）というのは，現実化されうる以上の可能性がつねに存在するということを指す。また，不確定性（Kontingenz）というのは，次に来る体験の可能性として指示されたことが予期されたのとは別様に生起しうるということを指す。つまり，その指示されたことが，はじめから存在しなかったり，あるいは予期にもかかわらず行なわれえないものだったり，あるいはまた——現実に体験できないように予防手段が講じられた場合（たとえば，人がいなくなってしまった場合）のように——もはや存在しなくなったりすることによって，指示に反する結果が生じうることを，不確定性というのである。したがって，実際問題としては，複雑性とは選択が強制されることを意味し，不確定性とは予期がはずれる危険性，および，もろもろの危険に対応する必要性を意味する」。

期外れとその処理は，本書が提示する観察・考察・提起を貫く基底的テーマであり，信頼という概念は，なぜ平穏な関係と事態が一転して処理困難で不可逆的な事態へと移行するかの理解を容易にする。裁判手続を頂点として分析された決定の正統性論および手続論は，本書が目的とする懲戒ならびに懲戒処分等というサンクションのあり方を考察するにあたっての貴重な示唆を与えるものとなっている。なお，その他では法学等の一般的概念を用いている。例えば，非難可能性はその一つである[17]。論議に際して再特定化を図っているところでは，実定法上の概念や定義をふまえ，抽象的論議と具体的論議が明確化されるようにそれぞれの根拠を示していくこととしたい。

以上の観察・考察の枠組みに基づいて，体罰という教員による懲戒と教員に対する懲戒処分等を捉え，相互作用・コミュニケーションと信頼の概念を用いてその過程を観察するという基本的視点に立ち，まず，次章では行政文書による観察の意義の確認，第3章では概括的・統計的な事案の把握，順次，有形力の発動（第4章），体罰への構成[18]（第5章），帰結（第6章）について分析するとともに，従来の適正手続論の整理およびルーマンによる手続理論を参照（第7章）し，最後に手続保障と信頼に関する提起（第8章）へと至る。

---

17) 非難可能性については，法システムにあっても刑事上なのか民事上なのかで論議は区分される。例えば，刑事上では「行為規範としての法に対して違反があったばあいには，法はそれに対して種々の手段を用意しているが，その中でもっとも強力な――したがってもっとも慎重でなければならない――のは刑罰である。刑罰は違反行為に対する法の側からの非難という意味をもっている。違反行為――犯罪――についてその行為者を非難することができるためには，行為者にその行為をコントロールする可能性があったことが前提である」。民事上では「不法行為法で問題となるのは，加害者に対する非難ではなくて，被害者の損害の塡補をどのような形で実現するのが合理的かという点にあるのだから，個人間の不法行為を考えるとしても，刑法における犯罪のばあいとは根本的に考えかたがちがう」（団藤重光『法学の基礎』有斐閣，2000年，53-54頁）という理解がある。本書における非難可能性の論議は，この相対的理解を基礎にしている。参考までに，刑法における違法性の意識と非難可能性の論議として，団藤重光『刑法綱要総論』創文社，第3版，2000年，317-318頁。
18) ここでは，「構成」を〈社会問題の構築（constructing）〉という概念の一環として用いてはいない。つまり，〈体罰問題〉を「自然史」仮説によって論じようとしているのではない。あくまでも非違行為を前提にした非難可能性についての限定した論議であることを断っておく。社会構築主義の基礎文献としては，Malcom Spector and John I. Kitsuse, *Constructing Scocial*

Problem, Transaction Publishers, New Brunswick, NewJersey, 2001. 邦訳として，マルコム・B・スペクター，ジョン・I・キツセ（村上直之，中河伸俊，鮎川潤，森俊太訳）『社会問題の構築』マルジュ社，1990年。「社会問題の自然史」については，原著 pp. 130-158, 同書205-249頁。ルーマン社会システム論と社会構築主義との関わりについては，矢原隆之「システム論的臨床社会学と構築主義」『新版 構築主義の社会学』世界思想社，2006年，239-259頁を参照。

第 2 章　行政文書による観察の意義

　本書が体罰考察のために用いる資料は，大阪府の情報公開制度に基づく開示請求によって入手した行政文書であり，開示を求めた文書は以下のとおりである[19]。

> ①大阪府小・中・高等学校にかかる学校事故（体罰）報告書（政令指定都市である大阪市を除く市町村教育委員会より提出されたものを含む）
> ②同報告に対応する教員の処分等（訓告・分限免職等含む）の内容
> ③同報告に対応する関係教員に対して実施された研修等の内容
> ④文部省に対して提出された「体罰ではないかとして調査された」報告書
> ⑤体罰問題に関して出された通知，通達
> ⑥体罰問題に関して実施された教員研修の概要
> 　＊2001（平成13）年度から2005（平成17）年度までの文書保存期間に対応する文書

　このうち，④については，大阪府教育委員会（以下，府教委と略記する。）より文部科学省との関係で非開示扱いとなるとのことで，開示請求の取り下げに応じた。結果，⑤については全面開示，他の文書について部分開示がなされた。本書引用中の●の箇所は，いわゆるスミ塗りで非開示とされた部分である。

　まず，体罰考察のための資料として，これらの行政文書を基本に据える意義を明らかにしておきたい。体罰に係る意識・実態の解明は，これまで社会調査や判例分析等を通じて実施されてきた。また，顕在化しない体罰の実態や機能

---

19) 今回，大阪府より入手した行政文書の総枚数はＡ4で1657枚である。大阪府の場合，開示請求は電子申請ができる。また，文書の特定が必要だが，その内容が不明な場合は担当課との電話やメールのやりとりで可能である。文書の写しは，現金書留で入手できる。今回の請求では担当者との電話でのやり取りはあったが，一切府庁に出向く必要はなかった。

についての究明が，インタビューによる教師の語りを通じて進められてきた事例もある。[20]

　他方，地方自治体における情報公開制度とその運用は，それまで守秘義務に覆われてきた体罰の行政的把握や処理の状況について市民が観察することを可能にさせるとともに，文部科学省による情報提供などによって，全国レベルでのデータ比較にも道が開かれるものとなってきた。体罰論議を市民の共通土俵に据える方法の一つとして，今や誰もが入手可能であり，一定の客観性を有するとされる行政文書を研究資料として活用することには，それなりの意義を認めることができるものと思われる。

　本書が着目した資料は，学校で生起した体罰の内，教員懲戒処分等に係った事案および懲戒処分等に係らなかった事案として文書作成されたものである。懲戒処分等とは，地方公務員法上の懲戒処分と服務上の措置をいう。[21]懲戒処分等が行われたケースでは，通常，体罰の評価と処分判断に妥当性を有していること，文書には学校種別や当事者の属性，児童生徒の行為，教員の行為に関わる具体的な事実が含まれていること，事案によっては顛末書等が添付され，当事者でしか説明しえない事情や判断が記述されていることも想定される。また，これらの事案と懲戒処分等に係らなかった事案を比較検討することによって，体罰が学校や教育行政によってどのように観察・評価されているのかの考察にも一定の示唆が与えられるはずである。

---

20) 土屋明広「教師の『語り』に見る体罰の構造」九大法学82号。土屋は，馬場健一による学校教育における制度的優越関係論と法化論をふまえて，教師の「語り」の分析を試みている。
21) 一般職国家公務員および地方公務員には，法令その他に違反した場合，職務の義務に違反しまたは義務を怠った場合，全体の奉仕者たるにふさわしくない非行があった場合，免職，停職，減給，戒告の懲戒処分がある（国家公務員法第82条第1項，地方公務員法第29条第1項）。このような不利益処分に対して，公正処分の原則（国家公務員法第74条第1項，地方公務員法第27条第1項）を根拠にして，国家公務員であれば人事院，地方公務員であれば人事委員会または公平委員会へ権利救済のために行政不服審査法による不服申立てができる（国家公務員法第90条，地方公務員法第49条の2）。最終的には，行政事件訴訟法に基づく処分取消訴訟が可能である。ただし，不服申立前置主義（国家公務員法第92条の2，地方公務員法第51条の2）。一方，訓告や厳重注意等は，指導監督措置の一種であり，正規の懲戒処分とは異なり法的効果を伴わないため，不利益処分の取消対象とならない。

しかしながら，これら文書の有効性と限界性についての論議が当然ありうる。情報公開に関わる制約としては，個人情報保護等の問題がある[22]。実際，本考察においても文書の読解がスミ塗りに阻まれて，幾度となく臆断に陥りがちになる危険に晒された。また，これらの文書は，学校および教育行政当局が観察・記録したものであり，児童生徒や保護者自身による事前の検証手続が保障されているものでもない[23]。だが，そうであったとしても，学校および教育行政による観察・記述を観察するということを意識化することによって論議の錯綜を回避することは可能であると思われる。ことに，懲戒処分に係る事案では，当該教員の人事委員会への不服申立てや訴訟による法システムにおける判断へと接続できることからして，ある程度の精確な事案の観察も期待されるのである[24]。

今回，資料として用いた行政文書は，大阪府の2001（平成13）年度から2005（平成17）年度の５年間のものである。文書選択にあたっては，一定の統計的

---

[22] 今回，大阪府に対して行った行政文書については部分公開決定がなされたが，非開示部分の根拠は，大阪府情報公開条例第９条第１号と第８条第１項第４号である。前者は個人情報保護，後者は事務の公正かつ適正な執行確保を内容としている。なお，情報公開のあり方そのものを考察するものではないので，不服申立てについては行っていない。

情報公開と個人情報保護の関連について，以下の文献・判例を参照。松井茂記『情報公開法（第２版）』有斐閣，2003年，177-230頁，宇賀克也『新・情報公開法の逐条解説（第２版）』有斐閣，2004年，43-75頁，ジュリスト増刊『情報公開・個人情報保護』有斐閣，1994年。

情報（公文書）公開条例に基づく交際費関係文書の非公開の可否とその範囲について，基本的・一般的な判断枠組みをはじめて示したものとして，「大阪府知事交際費公開請求事件（最判平成6・1・27民集48巻１号53頁）」。情報公開条例では，特定個人情報が識別される場合，たとえ本人からの請求であっても開示請求は拒否されうるかについては，松井（同書）53-60頁，宇賀（同書）60-61頁。松井は，「情報公開制度と個人情報本人開示制度の趣旨は異なるので，情報公開制度の下では，たとえ本人からの開示請求であっても，個人情報については開示を拒否できると考えるべきであろう」と述べる。個人情報保護条例の未制定との関係でこれを認容したものとして，「兵庫県診療報酬明細書本人開示請求事件（最判平成13・12・18民集55巻7号1603頁）」。

[23] ただし，本書でも検討に使用したように，一部には，生徒自身の自筆の事情調書が添付されているケースがある。また，一旦学校から提出された文書を市教委が保護者に閲覧を許可し，その写しを渡しているケースがある。これは，市教委が保護者の訴えを受け止め，学校に対して再度事実の聞き取りなど確認のための調査を指示することを前提に行われたものである。

意義を念頭におき，公文書の保存年限とその公開に要する実務上の配慮を行うとともに，現実的な考察の容量を考慮した[25]。行政文書に記述された体罰の観察構造には，三つの階梯がある。第一に，懲戒処分等に係る体罰である。府教委の場合には，府立高等学校・養護学校等直轄校に関するものと市町村教育委員会（以下，市町村教委あるいは市教委と略記する。）から懲戒等処分案件として内申されてきたものがある[26]。第二に，府立直轄学校から体罰事故報告書が提出されたものの懲戒処分等に係らなかったケースである。市町村教委では，学校か

---

[24] 今回入手した文書からは，当該教員による不服申立て，訴訟は確認されていない。一方，生徒・保護者による民事訴訟が起こされ，裁判上の和解となったものがある（ケース2）。法システムでの民事賠償をめぐる論議について若干興味深いものがあるので簡単に紹介しておきたい。これは処分等（文書訓告）の後，生徒の後遺症状が固定化したケース。事象は平成12年（生徒2年生），訴訟は平成15年であり，生徒卒業後である。当該教員には不法行為責任（民法第709条）を求め，仮に当該教員が不法行為責任を負わない場合には，大阪府に国家賠償責任（国家賠償法第1条第1項）があるとして併合審判（民事訴訟法第41条）を請求したものである。第1回の口頭弁論で裁判官から次回の口頭弁論で和解の期日を入れることが提案され一同了承しているが，大阪府の弁護士からは当該教諭の弁護士に対して，「いずれにせよ本人に求償しなければならないので，できれば当事者のみで和解して府の訴えは取り下げて欲しい」と述べている。第3回和解期日では，大阪府の弁護士が裁判官に「いずれにせよ相被告（ママ）に求償しなければならない。議会の議決の問題もある」との要請を行い，裁判官も「大阪府には取り下げする方向で調整する」と判断している。争点は，損害賠償額の多寡をめぐるものであったが，このプロセスで当時の教頭が陳述書を提出し，そのなかで生徒が「学校の指導に反して，教室内に携帯電話を持ち込み，授業に専念せず，授業中に携帯電話を操作していたもので,この点は●さんも反省すべきことです」と述べている。この点は，裁判官が和解の提示に当たって，「本人が悪い部分もあるので，過失相殺的な部分も勘案」されていることが窺える。生徒の非違行為性についての論議が法システムにおいて損害評価の資料として組み入れられていることが確認される。なお，求償権の要件は，公務員の故意，重過失となっているが（国家賠償法第1条第2項），本ケースでこの要件についての具体的検討過程を示す資料は見当たらない。また，損害賠償となれば，独立行政法人日本スポーツ振興センター法第31条第2項によって求償される可能性があるとして和解条項案の記述に論及している箇所がある。実務上のコスト（ことに議会承認との関係）を考えてのことだろうが，求償権の行使を前提に和解の当事者から除外を求めること，また，災害共済給付分の求償を受けることを回避しようとすることには，国家賠償法の責任論（自己責任／代位責任）の理解と求償要件の検討過程双方に課題が残る。国家賠償法の求償権については，例えば室井力・池芝義一・浜川清『行政事件訴訟法・国家賠償法』日本評論社，2006年，548-550頁。塩野宏『行政法Ⅱ』有斐閣，2006年，276-277，311-318頁。

[25] 公開請求した文書が手元にくるまでは，それが果たして宝の山となるのか，ゴミの山となるのか，まったく量的にも質的にも予測がつかないというのが事実である。

ら報告された事案の内で府教委に内申されなかったものに相当する。第三に，校長が把握しながら府教委または市町村教委に報告されなかったものや，学校の中で発生したものの校長に報告されなかったものなどに分けられる。第二レベルの内，府立直轄学校に関わるものでは6ケースがあることが分かった。また，市町村については，任意に一市をサンプルとして選択して情報公開を求めたところが3ケースあり，内2ケースは府教委の情報公開で入手した文書に当たることが確認された。このことから，当該市限りで処理されているケースがあることが分かる。第三のレベルについては行政文書としての特定は困難であり，事実としての体罰の領域となる。本書では，第一の考察を重点的に行うことにより，構成されざる体罰の再構成可能性についても照射されることになると考える。

---

26) 地方教育行政の組織及び運営に関する法律第38条第1項は，「都道府県委員会は，市町村委員会の内申をまって，県費負担教職員の任免その他の進退を行うものとする」と規定している。ただし，いわゆる「内申抜き処分事件」の判例として，最判昭和61・3・13（民集40巻第2号258頁，判時1187号24頁，判夕600号50頁）は，都道府県教委が県費負担教職員に対して，その非違行為を理由に懲戒処分するためには，市町村教委の処分内申が必要であることを原則として確認した上で，市町村教委が教職員の非違などに関し右内申をしないことが服務監督権者としてとるべき措置を怠るものであり，人事管理上著しく適正を欠くと認められる場合にまで，右原則どおり市町村教委の内申がない限り任命権を行使しえないとすることには合理性があるとはいえない，とする。福岡地判昭和52・12・27（判時879号17頁），福岡高判昭和56・11・27（判時1026号30頁）。

第3章　様　相——事案の概要

　大阪府の懲戒処分等の起案書や処分説明書等を除けば，府立直轄学校から府教委に報告される文書には統一様式が存在していないことが判明する。府教委に報告された市町村教委の文書も多種多様であり，統一様式が要求されていない。このことは，体罰事案が多様であることの反映でもあろうが，読解する立場としては，スミ塗りによる判読不明な箇所と相俟って単純な統計的整理でさえも煩雑な作業が強いられることになる。

　まず，全体の懲戒処分等に係る5年間の体罰事案（No. 1-60）を整理し，年度，学校種別，当事者（教員・児童生徒）の性別・年齢・学年などの属性，相互の行為，懲戒処分等の内容，民事・刑事案件への関わりについて文書から読み取れる範囲で概要把握に努めた（[資料1]　大阪府教職員懲戒処分等に係る体罰事案の概要（2001～2005年度））。以下，本書の記述において使用するケースナンバーはこれに基づくものである。なお，？で示した箇所は，文書の記述によっては確定できない部分であり，●の箇所は，前述したとおり非開示部分である。

　この概要から，以下のことがおよそ明らかとなる。

　2001（平成13）年度から2005（平成17）年度までの5年間での大阪府教育委員会（政令指定都市である大阪市を除く）における体罰事案に関する懲戒処分等の年度毎の内訳は，2001（3件），2002（13件），2003（19件），2004（15件），2005（10件）であり，総計60件である（ただし，ケース50は，府教委が年度を越えて一つの事案としてまとめている）。

　属性として学校種別・年齢・性別の順に見てみると，まず学校種別の内訳では，小学校（19校），中学校（25校），高等学校（12校），養護学校（4校）となっ

ている。この5年間の延べ件数を，現在の学校数との比率で見ると[27]，それぞれ小学校（0.52%），中学校（1.49%），高等学校（1.47%），養護学校（2.85%）となっており，養護学校の占める割合が高い。義務制学校における養護学級関係事案は3件であり，これらはすべて小学校の事案（19件に含む）である[28]。次に，年齢が明記されているものでは，30歳代（3名），40歳代（30名），50歳代（18名）となる。これらを平均すると47.8歳となる。データからは20歳代は確認できない[29]。なお，生年月日は個人情報として保護対象になっているが，年齢は開示対象になっている。性別が確認できたものは27名で，その内，女性教員については体罰の当事者4名，関与者（同席していた者等）2名であり，大半は男性教員である。

　処分等の内容では，地方公務員法上の懲戒処分と服務上の措置に分かれているが，服務上の措置では，府教委が直轄校に対して行うものと市町村教委に対して通知するものとがある。当該教員については，停職3月（5名），停職2月（1名），減給3月（1名），減給2月（1名），減給1月（7名），戒告（4名），文書訓告（37名），厳重注意（6名），関与者では文書訓告（1名），厳重注意（1名），所属長注意（3名）となっている。過去，体罰で何らかの処分等を受けたり，校長より指導を受けたりしたことがある者（ケース10，11，21，39，55，56）では，ケース10を除いて戒告以上の処分内容となっている。管理職（校長・教頭）が処分等を受けているケースでは，戒告（1名），文書訓告（8名），厳重注意（12名）がある。また，服務上の措置の内容が不明なものは2件（ケース4，10）

---

27) 学校数は，平成13-17年度にかけて若干の変動はあるが，ここでは，平成17年度の学校基本統計を用いた。内訳は，小学校（728），中学校（334），高等学校（163全日制・定時制・併設含む），盲・聾・養護学校（28）とした。なお，養護学校等については，大阪市を除く市立をも含めた数を用いた。なお，今回の入手した文書では，市立養護学校等に関するものはない。したがって，該当データがあれば，ここに分類するということになる。
28) 当該児童生徒が障害児・生徒であることによって，懲戒処分等の量定に際していかなる判断が働いているかは，第6章で一定の検討を加える。
29) 参考までに府教委発行の「体罰防止マニュアル」改訂版（平成19年11月）による年齢別割合では，本書の年度対象とは異なるが，平成14年度から18年度では29歳未満は2%となっている。

ある。この不明な内容は，当該市に対する情報公開の対象とはなるが，あえて開示請求はしていない。ちなみに，サンプルとして請求した市では，処分の程度を非開示としている[30]。

以上，体罰に係る懲戒処分等事案の客観的要素としての特徴は，学校種別では養護学校が比率的に高く，年齢構成では中高年に傾斜し，性別では男性が大多数を占めており，体罰歴を有するものがケースとしては約1割に達する。教員が義務違反として，体罰の現場に立ち会いながら行為を阻止しなかったという不作為や，医療機関への搬送・管理職への報告の懈怠等の事実も見られる一方，管理職が教育委員会への報告を怠り，あるいは故意に報告しないという理由で処分等の対象となっているものがある。服務上の措置のうち，厳重注意となっているのは，怪我のないケース（ケース7，30，33），擦り傷程度（ケース5），1回蹴ったケース（ケース13），立ち会っていて阻止しなかったケース（ケース28）である。事故報告書が提出されているが懲戒処分等案件になっていない6ケースについては，別途考察する[31]。なお，府教委は2006年3月30日，「教職員懲戒処分基準（2006．4．1より適用）」を定めたが，体罰そのものを規定した条項はない[32]。全国各地で制定されつつある教職員懲戒処分基準は，大阪府類似の包括的なものから，傷害の結果に着目し，被害の程度（負傷の度合い，治療期間等）で区分したものなど格差が見られる[33]。ただし，こうした結果重視の規定であっても，量定決定にあって加重，または軽減が可能とするものが通例である。これらの背景には，公務員の懲戒処分についての裁量権の存在がある[34]。

---

30) 豊中市教育委員会は，処分の程度について開示しない理由として，当該個人に関する情報であるとしている（豊中市情報公開条例の該当条項第7条第1号）。ケース59では，大阪府教委の作成した文書では公開されている処分内容（減給2月）が市教委によって非開示になるという差異が観察される。なお，参考までに神戸市公文書公開審査会は，「神戸市公文書公開条例第13条の規定に基づく諮問について」〔答申〕において，神戸市教育委員会が処分説明書［a処分を受けた教職員の氏名，職名，所属〔学校名〕，b処分の種類，程度，処分年月日，c処分の理由，d不服申立てに関する教示］を非公開とした決定について，「職員の氏名，所属（学校名）を除く部分について非公開とした決定は，妥当でなく，公開するべきである」と結論している（答申　第67号　平成13年7月26日）。
31) 第6章第3節，100頁。

32）大阪府教育委員会の教職員懲戒処分基準（平成18.3.30）
第1　基本事項
　本基準は，重大な非違行為について懲戒処分の標準的な処分量定を定めたものであり，府立学校に勤務する教職員及び市町村立学校に勤務する府費負担教職員（以下「教職員」という。）に適用するものである。具体的な量定の決定に当たっては，非違行為の動機，態様及び結果の程度や児童生徒，保護者，他の教職員及び地域社会に与えた影響の程度等のほか，非違行為の前後における態様等の個別の事情や情状を含め総合的に考慮の上判断するものとする。したがって，個別の事案の内容によっては，事例に掲げる量定以外とすることもあり得る。
　特に，処分量定を加重する例としては次のものがある。
　（1）管理職にある者が非違行為を行った場合
　（2）所属長への非違行為の報告を怠り，又は隠ぺいした場合
　（3）同一の非違行為の累積や他の非違行為の重複がある場合
第2　事例
　1　飲酒運転による事故等　ア　酒酔い運転又は酒気帯び運転で人を死亡させ，又は傷害を負わせた教職員は，免職とする。（略）
　2　児童生徒に対するわいせつ行為　児童生徒にわいせつ行為を行った教職員は，免職とする。
　3　公金等の横領，窃盗，詐取　（1）公金又は物品を横領し，窃取し又は人を欺いて公金又は物品を交付させた教職員は，免職とする。（略）
　4　公務外非行　（1）窃盗　他人の財物を窃取した教職員は，免職とする。（2）児童買春　18歳未満のものに対して，金品その他財産上の利益を対償として供与し，又は供与することを約束して淫行をした教職員は，免職とする。
　5　その他　上記1から4の事例以外の非違行為についても，懲戒処分の対象となり得るものであり，その処分量定については「第1　基本事項」により，判断するものとする。
　　なお，この処分基準は府教育委員会事務局の職員の処分についても準用するものとする。
第3　適用期日　この基準は，平成18年4月1日以降に発生した事案から適用する。

33）例えば，岩手県教育委員会の体罰に関する教職員懲戒基準によれば，以下のとおり。
第3　処分等の基準　（表1）

児童生徒の被害の程度	処分等の基準
治療期間が概ね30日以上の負傷，長期の入院を必要とする負傷，一定程度以上の手術を必要とする負傷，又は後遺症が残るおそれのある負傷	免職又は停職
治療期間が概ね15日以上30日未満の負傷	停職又は減給
治療期間が概ね15日未満の負傷	減給又は戒告
負傷なし	戒告又は文書訓告

第4　処分等の加重又は軽減
　処分等の量定の決定に当たっては，次の事項を考慮して，加重又は軽減を行うことができる。
　（1）体罰の態様（2）体罰に至る経緯……（4）非違行為を行った教職員の勤務成績及び過去の非違行為歴（5）事後処理……（7）その他加重又は軽減すべき特殊事情

34) 基準がより具体的になれば，量定判断はより制限されることになるが，そもそも「懲戒処分と裁量権の範囲」につき，最判昭和52・12・20（民集31巻7号1101頁）。

「……公務員につき，国公法に定められた懲戒事由がある場合に，懲戒処分を行うかどうか，懲戒処分を行うときにいかなる処分を選ぶかは，懲戒権者の裁量に任されているものと解すべきである。もとより，右の裁量は，恣意にわたることを得ないものであることは当然であるが，懲戒権者が右の裁量権の行使としてした懲戒処分は，それが社会観念上著しく妥当を欠いて裁量権を付与した目的を逸脱し，これを濫用したと認められる場合でないかぎり，その裁量権の範囲内にあるものとして，違法にならないものというべきである。……」
この判断基準が，公立学校教員の懲戒処分についての司法審査においても及ぶものとした判例として，最判昭和59・12・18「山口学テ処分事件」（労判443号23頁）。本書は，こうした裁量権の一機能についての問題提起でもある。

第4章　発　動——二重の非違行為と相互作用

　体罰は，児童生徒の非違行為の発生を先行行為として，それに対して発動される教員の非違行為として捉えられる[35]。児童生徒の非違行為と表現したものは，教員が直接的間接的に得た情報をもとに当該教員が非違行為として認知した，ということを意味している。そこで，教員の誤認・誤想と目されるような問題も発生する[36]。一方，教員の非違行為とは，当事者を含めた関係者のそれぞれの認知であり，最終的には懲戒処分等として教育行政によって一定の判断が下される。

　本来，児童生徒の非違行為が教員によって認知され，懲戒が行われるとした場合の流れを想定すると，（先行状況を含む）非違行為の認知 → 事実確認・認定 → 懲戒の決定となる。ところで，実際の学校現場で発生する生徒の非違行為の性質・程度・態様はさまざまであり，具体的に法手続に基づき処理されるものはきわめて限られている[37]。この法的措置に抵触しないものは，各学校の懲戒等処理規定に委ねられる。さらに，規定のない行為については，懲戒として取り扱うかどうかも含めて教員の裁量権に委ねられている。このことから，体罰とは，教員による有形力の行使としての事実上の懲戒のうち，違法として判

---

35) 今橋盛勝「体罰判例の教育法的検討」『懲戒・体罰の法制と実態』78頁。「懲戒行為性がなければそれは体罰とはいえず，暴行または傷害ということになる」。
36) 明らかなケースとしては，本書［資料1］(33)(44)(52)が挙げられる。
37) 学校教育法施行規則第26条によれば，校長が行う処分としての懲戒と校長および教員が行う事実上の懲戒とがある。前者は，在学関係上の地位，諸権利を左右する法的効果を予定している懲戒（退学，停学，訓告）であり，後者は具体的には叱責，訓戒，起立，居残り，作業の指示，罰当番などといった制裁措置の形をとる。ただし，退学，停学は義務教育段階では行わない。

断されたものとして把握することができる。法解釈上，体罰は懲戒権の限界を画するものといわれるのはこの意味においてであるが，体罰に至らない懲戒行為との区分は教育的諸事情に応じて流動的である[38]。なお，有形力の発動には，心理システムにおける情動の関与があると思われるが[39]，本章では情動の考察に踏み込むことはせず，主として相互作用・コミュニケーションの理解に重点をおいた観察・考察を行うこととする。第1節では，児童生徒の行為を活動類型と法益侵害による観点から分類し，教員の行為がこの類型とどのような相関にあるのかを提示しつつ，第2節では二重の非違行為を媒介する指導の意味を思考方法・時間圧力・非対称的関係において明らかにし，第3節では，指導をめぐる相互作用と有形力発動のありようを具体的ケースにおいて検討していくこととしたい。

第1節　二重性の法的意義
——活動類型と法益侵害をめぐる非違行為の相関

　児童生徒および教員の非違行為は，授業を中心とした各活動類型で分類されることが一般的である。これまでの実態調査報告に見られる方法でもあり[40]，文部科学省のデータや府教委の「体罰防止マニュアル」にもそうした分類がなされている[41]。本節においても，学校種別（小／中／高／養）や諸活動に基づく内容を［資料2］児童生徒の非違行為と教員の非違行為〈教育活動類型〉として整

---

38) 兼子仁『教育法［新版］』有斐閣，1978年，435頁。
39) 認知科学の見地からの情動の文献として『認知科学6　情動』岩波書店，1994年。
　神経科学の見地から，恐怖のメカニズムを探る方法としての恐怖条件づけについては，田代信雄編『情動とストレスの神経科学』九州大学出版会，2002年，97-105頁。ジョセフ・ルドゥー（松本元・川村光毅他訳）『エモーショナル・ブレイン』東京大学出版会，2003年，165-213頁。
40) 例えば，牧柾名・今橋盛勝・林量俶・寺崎弘昭［編著］『懲戒・体罰の法制と実態』第二編，学校体罰の実態・意識と背景，14頁。ここでは，学校段階による体罰理由の相違として，小学校，小・中，中，中・高，高校にわけ，それぞれに多い体罰理由があげられ，それぞれの段階での特徴が捉えられている。ただし，養護学校でのデータはない。

理し，ここで「体罰防止マニュアル」のデータとの比較対照も行うこととする。活動区分でいえば，授業中(52％)，学校行事(12％)，休憩時間・放課後等(22％)，部活動（6％），諸活動（4％），不明（4％）となる[42]。活動区分の意義は，認知の直接性／間接性（現在／過去），カリキュラムの遂行／準備，児童生徒と教員との具体的関係などの要素を把握することが狙いである。認知における直接／間接では伝達が問題となり，過去／現在は具体的危険の存否に関わる。カリキュラムの遂行／準備は時間圧力に関わり，児童生徒と教員との具体的関係は理解のあり方に影響を及ぼすことが想定される。活動区分の過半数は授業中である。この場合，認知は直接的かつ現在であり，具体的危険の可能性やカリキュラム遂行への時間圧力が想定される。認知が間接かつ過去の場合，児童生徒あるいは教員からの伝達によって，当該教員の理解がなされ行為へと繋がっている。事案によれば，伝達内容について組織的な事実確認が行われているものは一部である。大半のケースが当該教員の理解に基づく個人的判断によるものであり，子どもの言い分を聞くことなく，一方的な行為選択がなされていることが特徴である。部活動においては，生徒と教員は部員と顧問という特殊な関係にあり，部の成立・維持目的との関わりがある。本書の事例では，いわゆる体育系でのみ生起している現象である。

　学校種別の特徴を見ると，小学校では学級を単位する担任と児童，中学校では学年を単位とする教員と生徒，高校では学校規範等への抵触指導に関わる教

---

41) 文部科学省による「体罰に係る懲戒処分等の状況一覧」によれば，体罰の状況（場面・場所），被害の状況，体罰の態様に分類され，府教委の体罰防止マニュアル「この痛み一生忘れない！」（平成17年12月作成）では，平成13〜15年度に体罰にかかる懲戒処分等（47件）を行った件数から①場面別②態様別③被害の状況について各割合を示している。ただし，これに対応する学校種別のデータはない。また，改訂マニュアル（平成19年11月）については，平成14〜18年度（81件）である。
42) 府教委の「体罰防止マニュアル」による場面別分類によれば，平成13〜15年度では，授業中(51％)，部活動（4％），学校行事（4％）休み時間(23％)，放課後(11％)，その他（6％)となっている。本書のデータでは，スミ塗りや記述不明瞭なため，休み時間・放課後の明確な区分ができない。そこでやむなく休憩時間・放課後等としている。改訂マニュアルによる平成14〜18年度では，授業中(63％)，部活動(14％)，学校行事（2％），休み時間（5％），放課後（16％）となっている。

員と生徒，養護学校（養護学級）では教員と行動特性を有する生徒との間での特徴的なケースの存在が確認される。教員の行為を態様で分類すると，殴打がケース全体の71%［殴打に占める割合：平手（51%），拳（25%），箇所不明（16%），モノ（8%）］を占めている。殴打の箇所，方法では複数のケースがある。身体を押したり引っ張ったり等は26%（その61%が殴打を伴っている），身体を引き倒す等は22%（その47%が殴打を伴っている），足で蹴るは14%（その80%が殴打を伴っており，加えて，身体を引っ張る等が重複しているのがケース38），髪の毛を掴んで引っ張る（9%），モノを投げる（7%），その他（10%）にも重複が見られる[43]。子どもの行為に対する教員の行為は，殴打の部位の不明なものの存在や殴打回数のスミ塗りという違法性の程度判断に不可欠な要素の欠落があるが，本来は懲戒であれば見出されるはずの公平性や比例原則がここで観察されることはない[44]。

　次に，児童生徒の行為を法益侵害の観点から分類する。このとき，いかなる法益侵害行為に対して，いかなる行為が対応しているのかが問題となる。ただし，前者の行為は，あくまでも教育上の事実行為であり，他方，後者の行為は行政法上の違法性が認定され，一部に刑事上・民事上の評価を受けているものがある。したがって，ここでの分類根拠は，刑法上の構成要件や民法上の不法行為の要件の当てはめに基づく判断にあるのではない。分類は，①権利侵害との関わり（身体的・人格的・財産権的侵害）②他者の学習権侵害との関わり（授業遂行権能との関わり）③規範等への抵触，という法益侵害との関連に着目したものである[45]。行為類型は，①身体的・人格的・財産的権利侵害との関係性（児童

---

43) 同，マニュアルによる態様別分類によれば，平成13〜15年度では，素手で殴る（60%），投げる・転倒させる（11%），殴る・蹴る（6%），蹴る（4%），棒等のもので殴る（2%），その他（17%）となっている。改訂マニュアルによる平成14年度〜18年度では，素手で殴る（59%），投げる・転倒させる（10%），殴る・蹴る（10%），物で殴る（4%），その他（17%）である。
44) 行政法学上の比例原則そのものは，警察権発動の条件および程度に関する'条理上の限界'として主張されたものであり，今日では憲法上の原則ともなっているとされる。ここでは，教員の事実上の懲戒権の発動に関して，その類推を試みている。『新法律学辞典』有斐閣，第3版，1990年，329-330，1206頁。

第 4 章 発　動

生徒への危害・からかい等，教員への危害・からかい等，教員への発言（暴言，不当発言），器物損壊等），②他者の学習権侵害・授業遂行権能との関係性（授業妨害・悪ふざけ，授業懈怠），③規範等抵触（規則・合意等違反）の三類型とし，これに対応する教員の行為を抽出した（数字はケース番号）。

〈児童生徒の行為〉　＊数字の下線は行為類型の重複
①身体的・人格的・財産的権利侵害との関係
　児童生徒への危害等（6．12．20．28＊いじめと判断．31．43①．49．50③-1，53＊危険の恐れ）
　教員への危害等（8．9①．13＊威嚇．15①②③．45＊威嚇．50③-1）
　教員へのからかい（4．35．46．47），児童生徒へのからかい（40）
　教員への暴言（9③．13．15②③．34．45．50③-1．50③-2．55）
　不当発言（3．4．16．22．25．30．36．47．49．50①-1．51．54）
　器物損壊等（7．13．15③．26．43②．46．50②）
②他者の学習権侵害・授業遂行権能との関係
　悪ふざけ・授業妨害等（9②③．10．13．14．15③．18．19．29．37．42＊ただし無関係．44誤認．46．50②．50③-2．52＊誤認．53．59）
　授業懈怠等（11．17．25．32．33．34．35．36．39．55．56．60）
③その他
　規則・合意等抵触（1．2．5．7．9①．15①．21①②③．23．24．30．35．38．41．45．50①-2．50③-2．56．57．58）
　不明（27．48）

45）分類に当たってのいくつかの留意点を示しておく。
　「危害等」は暴行を含むものではあるが，刑法概念による厳密な分類ではない。人格権的侵害（名誉毀損・侮辱等）として考えられる「暴言」は，記述された用語に基づくもの（文書で「暴言」と記載されている場合），および社会通念上から妥当すると思われる場合であり，「からかい」としたものも同様である。「不当発言」は，「暴言」を除外した「発言」を総括したもので，筆者が「不当」との評価を下したものではない。先の「からかい」が発言として明記されていれば，この「不当発言」にも分類される。授業妨害等は，なんらかの妨害という用語があるケースを含む学習権侵害性を有するとみなされるケースであり，授業懈怠は，「妨害」類型に含まれないもの，侵害性が希薄なものとの意味である。いずれにしても，類型の重複があり，相対的な区分である。なお，ここでいう学習権は授業を受ける権利を指し，教員の授業進行に係る権能との関わりを有する。こうした場合の非行為を一般的抽象的に規定することは困難である。行為の違法性は，侵害性の程度，時間的継続にも規定されるため，具体的に論じるほかはない。

〈教員の行為〉
① 身体的・人格的・財産的権利侵害との関係

児童生徒への危害等〔手首を後ろ手にねじる（6），頭髪をつかむ．身体を押す．顔面を平手・手拳で殴打（12），頬を手で殴打．尻を足で蹴る（20），頬を平手で頭部と額を手拳で殴打（28），頭部を平手で殴打（31），モノで頭を殴打．尻を足で蹴る（43①），頬を手で殴打（49），頬を平手で殴打（50③-1），ノコギリを投げる（53）〕

教員への危害等〔平手で殴打（8①②），身体を引き倒し押さえつける（9①），足払いで倒す．背中を甲で殴打（13），頬を手で殴打（15①②），身体を押す．こめかみを手拳で殴打（15③），身体を押す．身体を投げる（45），平手で殴打（50③-1）〕

教員へのからかい〔襟首を攫んで引っ張る（4），メガネのフレームを投げる．激昂して30分間叱責を続ける（35），顔面を手拳で殴打（46），髪の毛を引っ張る．教室でライターの火をつけ生徒に暴言，他の授業を妨害，自分の授業を放棄，校長へ暴言（47）〕

児童生徒へのからかい〔顔面を平手で殴打（40）〕

教員への暴言〔ボールペンを投げる．身体を押して倒す（9③），足払いで倒す．背中を足の甲で蹴る（13），頬を殴打（15②），身体を押す．こめかみを手拳で殴打（15③），尻を足で蹴る（34），身体を投げる（45），頬を平手で殴打（50③-1），身体を引っ張る（50③-2），身体を引き倒す（55）〕

不当発言〔壁掛け棒を投げる．身体を掃除用具入れに押し付ける（3），襟首を攫んで引っ張る（4），児童の机を蹴る．児童の両顎をもちあげ身体を床に落とす．頬を平手で殴打（16），頬を平手．髪の毛を掴んで引っ張る．頭を手拳で殴打（22），頬を甲で殴打（25），頬を平手で殴打（30），頬を拳骨で殴打（36），髪の毛を引っ張る．教室でライターの火をつけ生徒に暴言，他の授業を妨害，自分の授業を放棄，校長へ暴言（47），頬を手で殴打（49），頬を手首付近で突き平手で殴打（50①-1），平手で殴打．不適切な発言（51），頭部をスプレー缶で殴打（54）〕

器物損壊等〔頭を平手で殴打（7），足払いで倒す．背中を甲で殴打（13），身体を押す．こめかみを手拳で殴打（15③），頬を手で殴打（26），頭を手で殴打．頭を●で殴打（43②），顔面を手拳で殴打（46），平手で殴打（50②）〕

② 他者の学習権侵害・授業遂行権能との関係

悪ふざけ・授業の妨害等〔身体を突き倒す（9②），ボールペンを投げる．身体を押して倒す（9③），頬を手で殴打．頭をたたき足を蹴る（10），足払いで倒す．背中を甲で殴打（13），頬を平手で殴打．足払いで転倒．平手で殴打（14），身体を押す．こめかみを手拳で殴打（15③），顔面を机に打ち付ける（18），身体を投げ落とす（19），後頭部を平手で殴打（29），頬を平手．頭を教科書で殴打．太ももを蹴る（37），マイクを投げる（42）＊ただし無関係，身体を押し倒す（44）誤認，顔面を手拳で殴打（46），右の平手で左頬を殴打（50②），身体を引っ張る（50③-2），頭部を押さえる（52）＊誤認，ノコギリを投げる（53），頬を平手で殴打．身体を引きずり出す．暴言（59）〕

26

第4章　発　動

授業懈怠等〔(11) ＊生徒の殴打容認．身体を壁に押しつけ顔や背中を平手で殴打 (17)，頬を甲で殴打 (25)，顔面を平手で殴打．頭部をワイヤレスマイクで殴打．身体を持ち上げ放り投げる (32)，頬を平手で殴打 (33) ＊誤認，尻を足で蹴る (34)，メガネのフレームを投げる．激昂して30分間叱責を続ける (35)，頬を拳骨で殴打 (36)，頭部を平手で殴打 (39)，身体を引き倒す (55)，身体を壁に押し付ける．後頭部壁にぶつける．手でこめかみ殴打．腹部を甲で殴打．ボトル缶で殴打．平手で殴打．口を甲で殴打 (56)，足の甲をつねる (60)〕

③その他

規則・合意等抵触〔頬を平手で殴打 (1)，顔面を平手と甲で殴打 (2)，首とわき腹に手をかけ身体を引っ張る (5)，頬を平手で殴打 (7)，身体を引き倒し押さえつける (9①)，腕を引っ張る．頬を手で殴打 (15①)，髪の毛を掴んで引っ張る．扉に身体を押し付ける (21①)，頬を平手で殴打 (21②③)，頭部と顔面を手拳で殴打 (23)，身体を引っ張る．扉に身体を押し付ける．身体を押し倒す．頭部や頬を平手で叩く (24)，頬を平手で殴打 (30)，メガネのフレームを投げる．激昂して30分間叱責を続ける (35)，平手で殴打．足を蹴る．身体を壁に押し付け平手で殴打 (38)，髪を掴んで揺さぶる．身体を押し倒す．胸倉を掴んで立たせようとする．身体を引き離すため膝で胸部を圧迫する (41)，身体を投げる (45)，右の平手で軽く頬を殴打 (50①-2)，身体を引っ張る (50③-2)，身体を壁に押し付ける．後頭部壁にぶつける．手でこめかみ殴打．腹部を甲で殴打．ボトル缶で殴打．平手で殴打．口を甲で殴打等(56)，胸倉を掴み壁に身体を押し付ける．頭部を平手で殴打．押し倒す (57)，頭部を手拳で殴打．頬を平手で殴打．みぞおち辺りを足で蹴る．頬を平手で殴打．頭部を手拳で殴打 (58) ＊当該生徒は6名〕

不明〔鼻部を手拳．頬を手で殴打．倒れた生徒の肩と腹部を足で蹴る (27)，暴力をふるい叩く (48)〕

　先の活動区分における意義とこの分類とをクロスさせると，法益侵害に対する有形力発動の機能が浮かび上がる．それは，児童生徒の行為そのものを問題とするもの（応報的），行為者の矯正や集団への影響を防止しようとする目的的なもの（特別予防的・一般予防的），急迫な侵害や危害の抑止などのための正当行為・緊急行為から逸脱したものなどである．これらの概念を援用しつつ，以下，その特徴と意図を示唆する記述を例示的に取り上げる．[46]

　第一に，児童生徒の行為には，認知における現在のもの／過去のものが存在

---

46) 刑法理論については以下を参照。応報，一般予防・特別予防については，団藤重光『刑法綱要総論』創文社，2000年，16-40頁。平野龍一『刑法概説』東京大学出版会，2003年，6-13頁。正当行為・緊急行為については，団藤・同書201-254頁。平野・同書51-69頁。

しており，現在のものにおいては，その行為の具体的危険への対処の必要性（抑止・防御等）からの発動と認められるケースが多数見られることである（例えば，ケース6，13では児童生徒への危害を抑止するための正当行為から，ケース15②では自己の身体を防衛するため）。こうしたケースでは，正当行為の限界が論じられよう。具体的危険への対処というよりは，行為の継続抑止を目的とする特別予防的なものがある（ケース26「この行動をなんとかしてなおしてあげたい」）。第二に，カリキュラムの遂行／準備に関わっては，時間圧力は授業秩序の回復や秩序破壊の防除を要求しているものと見られ，そのことから一般予防に重点のおかれたものが存在する（ケース17「ここで厳しく指導しなければ，これからさき，授業が成立しなくなりかねない」，ケース37「授業が成立しにくく，先にすすまないあせりから」）。その反面，個人に対しては応報的なのか特別予防的なのかは判然としない。第三に，有形力発動の多くは，非違行為そのものに対してというよりは，指導への発言・態度を問題として評価したものである。このことが最も顕著に現れているものが部活動であり，ここでは発言や態度はチームを維持していく一般予防の観点から評価されたものとなっている（ケース51「不満な態度をあらわすことが続くと，チームとしてはなりたたない」）。注意／指示などの累積は，過去から現在にかけてのものと，現在における進行の過程の両面で見出される。

　行為が過去のものの場合にも，有形力の発動が見られる。まず，規範等抵触の場合を見ると，現在と同様，指導に対する発言・態度評価への関わりが見られ（ケース41「なんでわかってくれんのや」），特別予防的なものがある（ケース1「これ以上生活が乱れないよう一線を引いてあげるため」）。本来，行為が過去であれば，具体的危険は問題とされないはずだが，その指導から生じた危害に対する防衛的なものも見受けられる（ケース45）。危害の場合には，応報的／予防的なものが混在している（応報的性質の強いものケース12，20，一般予防的性質の強いものケース28）。

　活動類型に関する教員の行為には，公平性や比例原則が見られないと述べたが，最後に，法益侵害類型と教員の行為との対応関係について述べておきたい。結論的にいえば，人格的侵害が身体的侵害よりも比較的高く評価されている可

能性がある（ただし，有形力の強度順位を表すものではない[47]）。この点は，次節において行為と行為を媒介する指導の意味の要素としての非対称的関係について論じることに実益があると思われる。

第2節　指導の意味
——理解義務の履行請求と固有性・時間圧力・非対称的関係

　教員の行為は，児童生徒の行為を直接的に評価した結果ではなく，つまり，線形的な因果関係を有しているというわけではない。児童生徒の行為を非違行為として認知した教員によって，大抵の場合，注意／指示／指導などという用語で表示されている作用が行われており[48]，それに対して児童生徒の「言い方や

---

[47] この関係を測定する指標として「平手による殴打」を最も有形力が低位にある指標として設定し，この比率を法益侵害類型に対する有形力発動の評価と仮定することにする。各児童生徒の行為数を分母として，分子に「平手による殴打」とのみ明記されたケース数をとれば以下のような結果となる。（ケース8には2名の教員が関与しているが，2人とも平手による殴打のため，これを1ケース，1行為として取り扱っている。）
　比率の高いもの（評価が低い）から，児童生徒へのからかい（100％）＞器物損壊（28.5％）＞規則合意等抵触（28.5％）＞教員への危害（25％）＞児童生徒への危害（22.2％），授業懈怠等（16.6％）＞教員への暴言（11.1％）＞悪ふざけ・授業妨害（11.1％）＞不当発言（8.3％）＞教員へのからかい（0％）となる。データには，「手」（平手か拳かが不明）とのみ記されているものがあるので，これをすべて平手として推定し殴打率の修正を行うと，児童生徒へのからかい（100％）＞教員への危害（50％）＞器物損壊（42.8％）＞児童生徒への危害（33.3％）＞規則・合意等抵触（28.5％）＞不当発言＝授業懈怠（16％）＞教員への暴言（11.1％）＞悪ふざけ・授業等の妨害（11.1％）＞教員へのからかい（0％）となる。なお，同数の場合は，母数の大きいものを下位にしている。この二つの殴打率に共通するのは，身体的侵害（危害）が人格的侵害（発言）より有形力の発動においては低く評価されていること，および，身体的侵害では，児童生徒より教員の方が低く評価されている傾向である。逆に有形力の強度順位そのものを表す指標を具体的に設定することは，重複行為や身体全体に及ぶ行為が考えられるが，指標として一義的なものを選定することは困難である。
　ちなみに，手による殴打の場合，どの部位が用いられているかが重要で，事故報告書でも平手であるか，拳であるかは殴打の場合大抵明記されている。加えて，殴打回数，利き手かどうか，身体のどの箇所に対するものかが問題となる。ただし，回数は非開示情報となっており，利き手かどうかはすべての文書で明示されているわけではない。なお，［資料1］の「教員の行為」の記載にあたっては，できる限りこうした要素を反映させるようにしている。

態度」(ケース30)が大半のケースで問われている。例えば,「挨拶の仕方の手本を示したが,態度が悪かった」(ケース41),「謝るように指導したが反省の態度を示さなかった」(ケース49),「『自分には責任がない』という言い訳をした」(ケース50①-1)がその典型例である。態度の類型としては,「おちつかない態度」(ケース32),「やる気のない態度」(ケース34),「すねるような態度」(ケース36),「不満な態度」(ケース51),「反抗的態度」(ケース10, 13),「無視」(ケース9),「逃亡」(ケース57, 58)などが挙げられる。発言類型では,「死ね」(ケース34)「やるんかー」(ケース45)「うっといんじゃ」(ケース55)「息してんねん」(ケース54)など,前節で暴言・不当発言に分類したものに加え,「無言」(ケース31)も見られる。

　前節では,発言・態度評価と教員の行為を応報／予防の観点から問題としたが,ここでは,注意／指示／指導等が発言や態度を問題にするというそのこと自体を取り上げてみる。つまり,指導(以下,注意／指示／指導等を包括的に代表させる)が,児童生徒に対してどのような作用をなしているのか,である。その検討に入る前に,懲戒に至ることのないケースを想定することにより,本節の論点をより鮮明にしておきたい。例えば,教員は,子どもの行為が些細でしかもはじめての知覚であった場合などには,「そんなことしちゃだめだよ」と声をかけるだけで処分決定を留保し,非違行為に対する対応を先送りすることができる。ここでは,非違行為の認知が未来の子どもの行為に対する規範的予期の要素となっている。こうした教員の予期を予期することによって,「今度,

---

48) 注意があったか,なかったかが裁判で争われたのがケース2。
　当該教員の顛末書では,「注意をし,携帯電話を取り上げたとき,」となっているが,学校長文書では,「授業態度を注意しようとして」となっており,この文面では具体的に注意をしたかどうかが判然としない。裁判では,原告の請求の原因で「原告のこの行動を見るとすぐに,原告に対して一言も言わず」として,注意が行われなかったとの主張が行われている。被告代理人による答弁書では,「『何をしてんや』と言って携帯電話を取り上げると同時」,被告大阪府訴訟代理人による答弁書では,「原告に近づき,注意し,携帯電話を取り上げ」と述べられており,注意があったとして事実関係を争っている。この場合,注意の存在によって有形力の行使が正当化されるわけではないが,注意の不存在(問答無用)は違法性の評価に何らかの寄与をすることは疑いがない。なお,このケースは裁判上の和解で結着している。

第4章 発　動

同じことをするときつく叱られる」「怖い先生じゃないな，今度も大丈夫」等といった予期が形成される。その妥当性の検証は時間的に繰り延べられることになる。非違行為の認知内容によっては，「見て見ないふり」が行われることもある[49]。例えば，当該児童生徒からの危害行為を予期し，退避という行為を選択する場合である。こうした選択が当該児童生徒に知覚された場合には，例えば次のような予期が形成される。「直接注意せずに，他の先生に言いつけるつもりだな」等。教員の伝達の仕方によっては，さらに新たな予期が相互に形成され，こうして処分決定をめぐる相互作用が行われていく。

　これに対して，有形力が発動されたケースでは，処分決定の時間的な繰り延べは存在せず，指導と行為との間に身体的／人格的・時間的／場所的接着がなされていることが特徴である。指導の具体的表れを見ることにする。例えば，教員は，部活動で指導方法に不満を述べた生徒に，「なんや，何か文句があるんやったら言え」（ケース22）と命じたり，忘れ物をした生徒に「人の話をしっかり聞いているのか」（ケース23）と問い正したりする。こうしたやりとりには，指導方法への不満や忘れ物は許されない，ということが教員の規範的予期であることを承諾させ，その予期に違背したことへの謝罪，さらに予期修正を通じた態度の変容が期待されている。コミュニケーション（情報・伝達・理解）でいえば，理解義務の履行請求として捉えられるものである[50]。先に挙げた注意／指

---

[49] 教師の見て見ぬふりが子どもに及ぶことについて，「教師が引くと，先生はあいつには勝てないというムードが学級にできる。いい子もたくさんいるが，教師が怒れない姿を見ると，駄目だと思ってしまう。例えば，いじめを見たら注意しなさいとか言っても，先生が止められないのをなんで自分が，となる。だから，見て見ぬふり，自分さえ危害が及ばなければいい子供たちが増えてくる」との発言がある。この教師は，「体罰を加えると，よくなるのか」との問いに，「とりあえず，これ以上は暴れられない，というのが分かる。これが大事。タブーだが，なりますよ」と答えている。ここでは，懲戒としての有形力の発動は，「これ以上は暴れられない」という予期形成機能（特別予防）だと考えられていることになるが，このことについては後の考察に譲る。「教師が語る――体罰はなぜ――」（四国新聞1998．7．20）https://www.shikoku-np.co.jp/feature/tuiseki/026/index.htm（2007/04/29）

[50]「コミュニケーションが三つの選択の総合，つまり情報，伝達および理解から成り立つ統一体として把握されることになると，コミュニケーションは，理解が成立した場合に，またそうした場合に限って実現されるのである」。ニクラス・ルーマン『社会システム理論（上）』230頁（*Soziale Systeme*: S. 203）。

導／指示などの用語は，この履行請求の例示に他ならない。指導の手段的性質をふまえ，次に指導の意味を分析する。ここでは，指導の固有性，指導の過去／未来との関わり，指導における教員と児童生徒との非対称的関係の三つの観点を措定することとする。

　第一に，指導の固有性では，態度の強調と規範的テーマを含む善悪判断のあり方がそれに妥当する。指導する教員と指導される児童生徒双方に要請されるものとして頻出しているのが，「きっちり」「ちゃんと」「しっかりと」「厳しく」という記述である。例えば，ケース4（小学校）では，「当該児童の日頃の様子から，きっちり指導しておかなくては考え（ママ）」（事故報告書），ケース17（中学校）では，「ここで厳しく指導しないと，これから先，授業が成立しなくなりかねない」（本人顛末書），ケース9（高校）では，「4回ほど注意したが一向に止めないので，彼女をここは一度しっかりと叱っておこうと思い」（本人顛末書）と説明される。また，生徒の行為として，ケース6（養護学校）では，「"ちゃんとできる"と言ったのに，約束を守らなかったので」，ケース49（小学校）「二人とも『これくらいたいしたことない』と言い，きちんと謝りませんでした」というように約束や謝罪のあり方が取りざたされている。ここでは，各学校種別に差異は見られない。むしろ指導や叱責に「きっちりした・厳しい・しっかりと」という要件が加味され，生徒の約束や謝罪も「きちんと守る・きちんと謝る」ことが共通の要請として観察される。規範的テーマでは，「命の大切さ」（ケース3）「時間を守る大切さ」（ケース5）「火に対する命の危険」（ケース7）などが見られるとともに，ケース1（高校）では，「これ以上生活が乱れないように一線を引いてあげるため」，あるいは，ケース35（高校）「やっていいことと悪いことがあるだろう？」，ケース33（小学校）「善悪の判断を持った行動ができるようにと考えていた矢先のことで」というように，児童生徒の行為についての善悪判断に関わるあり方が問われている。無論，こうした指導に関わるテーマ設定や善悪判断のあり方を一概に否定することなどはできない。注目すべきは，要件の加味や判断方法に見られる二分法的な思考方法が，非難の強化に寄与している可能性である。すなわち，典型的な教員の言葉をそれぞれ借

用すれば，児童生徒の行為には，「やっていいこと／悪いこと」があり，それを峻別するために「一線を引く」作用が求められる。また，行為態様には，「きちんとする／きちんとしない」があり，「きちんとする」ように「厳しい指導」が必要とされている，ということになる。こうした観点から発言や態度が評価されていると思われるのである。

　第二に，過去／未来の観点からは，過去における行為の累積性に関わる受容限界，未来における行為継続に対する予防，カリキュラム遂行における現実的圧力が問題となり，これらが現在としての課題を浮上させる。前節でも時間要素について触れたが，改めて累積性と行為継続の観点から論じることにする。行為の累積性に関しては，次のような非難が見られる。ケース27（中学校）では，担任の教員が「どうなってんねん！　またか！」と叫び，ケース29では，「いつも言ってたやないか」（事故報告書）と注意し，ケース16では，「先生もがまんしたんやで」，ケース9では，「お前，ええ加減にせえよ」（ケース14, 18, 26も同様），ケース21では，「先生だからがまんしているんだ」「いい加減にせい」と発言している。また，ケース23（中学校）では「何故，分かってくれないのか？　何故できないのか？」（ケース41も同様），ケース3では，「命の大切さについて話をしているのになぜ理解できないのだ」と述べられ，規範的テーマに関わる教員の行為の累積性が子どもの理解の帰責を説明するのに用いられている。未来における行為継続に対する予防の観点では，ケース17をはじめ，「厳しい指導を今やらなければという切迫した気持ち」（ケース32）が吐露されている。カリキュラム遂行に規定された時間圧力は，典型的には学級運営の困難さ（ケース31）や「学級崩壊」（ケース37）といわれるケースにおいて観察される。また，授業と授業をつなぐ，いわゆる業間移動の際にも現れている（ケース5, 40）。

　第三に，児童生徒と教員との非対称的関係は，法的には「教諭は児童の教育をつかさどる」としてその権能が規定されており[51]，教員が児童生徒への包括的

---

51) 学校教育法第37条第11項。

な指導を行うことを可能にしているのもこの権能ゆえである。しかし，この権能によって教員の指導に根拠が与えられていることは，その指導に児童生徒が従うことそのものを保障するものではない。一般的抽象的に教員と児童生徒との関係が非対称的関係にあることと，この関係性が指導の現実において疑義に晒されたり，毀損あるいは破壊されたりすることと矛盾しない。こうした事態の最も顕著な現れが，教員に対する「発言（暴言・不当発言）」「からかい」である。これは，教員にとって非対称的な関係の公然たる否認表明や懐疑表明にあたるとみなされるものである。部活動事例は，こうしたものの典型例である。ケース22では，指導方法への不満が述べられたことに対し，「俺の考えについて来られんのやったら辞めろ！　お前なんか要らんのじゃ！」と服従しなければ排除するとの言明がなされ，「監督の●に対して不満な態度をあらわす事が続くと，チームとしては成り立たないと思い」という危惧が開陳されている（ケース51）。他方，ケース46では，生徒が鞄で戸を叩いたことを率直に認めず，「（生徒に）胸を突かれよろけた姿を，周囲の生徒が面白がって見ている視線を感じ，何が何でも今自分が●を指導しきらなければと，追いつめられた気持ちの中で」（事故報告書）との記述が見られる。当該生徒の危害行為そのものの評価というよりは，周りの生徒の知覚と予期（指導不能）が決定的に重視されている。教員の有形力は当該生徒との非対称的関係を回復するとともに，周辺生徒にそのことを知覚させ，当該生徒を含む集団的な生徒の予期修正（一般予防）に向けられている。前節では，人格的侵害評価の優越性の可能性に触れたが，身体的侵害と人格的侵害を含むケース46からは，教員という役割に対する侵害評価の優越性が見て取れる。

　こうして，児童生徒の非違行為と教員の非違行為の間に存在する指導とは，理解義務の履行請求の手段であり，二分法的思考によって強化された固有性を有し，過去の累積と未来における予防という時間圧力のもとで現在的解決が不可避であるとの判断によって，教員と児童生徒との非対称的関係を改めて承諾させるという予期修正への期待に向けられた作用であることが分かる。懲戒としての有形力の発動は，この期待外れに対する相互作用であり，目的的には応

報的あるいは予防的（一般・特別），内容的には正当行為的・緊急行為的機能を含むことが認められるものの，明白で一義的な意義を見出すことは困難である。このサンクションのあり方は，手続との関係では非制限性を特徴づけている。

第3節　懲戒としての有形力の機能——ケース分析

　それでは，具体的ケースを検討していくことにしよう。この場合，学校あるいは教育行政が記述した事故報告書と本人顛末書の記述を対照させることが重要である。通常，本人の顛末書には，当人しか語ることのできない気持ちやそのときの言葉，行為が述べられている可能性が高い。一方，事故報告書は，当該教員・児童生徒および関与ないし知覚しえる位置にあった教員等からの聴取りが行われ，客観的に記述される傾向にあると思われる。しかし，実際の両文書は一様でなく，明確な線引きができているものばかりではない。着目すべきは，ある事実についての記述の相違である。情報と伝達の選択性をふまえて，どのように理解が形成されていくのかを観察しうる手がかりがあるからである。本節では，こうした観点をふまえていくつかのケースを選定し，具体的解読を試みることにしたい。

1　理解をめぐる相互作用と防衛的機能

　学校規範等の指導ケースを取り上げる。ケース45では，校則違反に対する指導が終わった段階で生徒が暴言を吐き，これをめぐって相互作用が見られるが，主要な争点は理解にある。そのズレが教師の恐怖感を現出させ有形力の発動に至っている。ケース9①は，生徒の行為に対する謝罪要請の理解をめぐるもので，同様に恐怖感が記述されている。ケース45の特徴は教員と生徒双方からの聴取りが記載されていること，ケース9①では学校文書と当該教員顛末書に差異のあることが認められる。

〈ケース45〉文書訓告・校長に文書訓告
「生徒に殴られると思い」
　教諭（47歳，男）⇔１年男子
　事案の概要
●月●日の●限目（授業担当者：●教諭）始業時，●教諭が●君にピアスをはずすよう指導した。●君はピアスをはずした。指導が終わった●教諭は，その場を立ち去ろうとしたが，その時，●君は教室（１年●組）の後ろのドアから入り，●教諭の方を向きながら，「うっとうしいな，おっさん」とかなり大きな声で言った。
　言葉遣いの件で，生徒と●教諭が口論になった。やめるように●教諭は制止したが，●君が顔を近づけて威嚇行為をしてきた。身の危険を感じたので，●教諭が●君の体を右手で投げ，膝で押さえようとした。その時，●教諭の膝が●君の唇にあたり，●君は唇が●，足をフロアにぶつけて打った。
　生徒からの聴取り
……●教諭は，日頃から嫌いな存在であり，注意され，むかついた。●教諭にむかついて『うっとうしいな，おっさん』といったことに対して怒っているのはわかっていた。このままだったら●教諭が殴るだろうと思い，●教諭に近づいていき，●教諭の顔に自分の顔を近づけ，『やるんかー』と言った。●教諭に，投げられ，体を膝で押さえられた。その時，足を打ち，口が●（自分は）殴ろうとしたり，蹴ろうとしたわけではなく，向こう（●教諭のこと）がしてくるまで待っていた。向こうが負けやから『もう　ええわー』と思った。……
　教諭からの聴取り
……『((授業中なので廊下で話をすると邪魔になるので)職員室で話をしよう』と●君に１年学年室に来るように言ったが，●君は『いやや』と言い，そのまま教室前の廊下でやり取りをする。両者の距離は離れていたが，●君が詰め寄ってきて，●教諭の顔面に顔を近づけてきて『やるんかー』と言う。●教諭は●君に殴られると思い，●君を投げ，膝で押さえた。その時，自分（●教諭）の膝が，●君の口元にあたったようである。●教諭は，左手に書類・雑誌を持っていたので，右手で投げた。
　本人顛末書
……反省すべき点は，生徒●が近づいてきて"やるのんか"と急に迫ったときに自分から下がって距離を取り，冷静に対応することを心がけるべきであったと思います。……

　注意という指導を受け入れて，規範への違背処理が終結したように思われたが，教員に対する嫌悪感が過去から累積しており，この指導を契機として非対称的関係を公然と否認する発言（暴言）を誘発させている。教員はこの関係性の毀損を回復する立場におかれている。生徒は，立腹した教員から殴られるの

第4章 発　動

を回避するために威嚇行為をするのだが，他方，教員はこの行為から生徒が殴打に及ぶと思い込んでいる。威嚇をすれば教員は殴らないだろう，という生徒の予期に対して，教員には威嚇をするからには生徒は殴るだろう，という予期が形成されている。ただし，生徒は「向こうがしてくるのを待っていた」と述べており，生徒の予期は教員から殴られることもありうる，という二段構えになっている。予期が交錯する中，教員の有形力の発動は，生徒による危害からの防衛的機能を担ってはいるが，生徒にとって教員の行為は，第一の予期外れに対応した第二の予期の実現として，例えていえば，恐怖に駆られたチキン・ゲームの敗者のような行動として捉えられている。この予期が具現化したことで生徒に勝利感をもたらし（向こうが負けやから「もう　ええわー」），生徒の発言（暴言）によって侵害された非対称的関係回復への契機は見出されていない。

〈ケース9①〉減給1月・校長に文書訓告
「人間関係のことをちゃんと伝えようと思いました」
　教諭（49歳，性別不明）⇔1年男子
　事案の概要
　　11月●日，（●）●ごろ，●教諭が●で●教諭（家庭科）と話をしていたところ，（生徒が：筆者注）落し物のことで授業担当者である●教諭とやりとりをしていた。その際，生徒が持っていた風船がわれ，大きな音がしたので，●教諭が●教諭に対して失礼との思いで，謝るように言った。しかし，反抗的ではなく，なぜ自分が●教諭から話しかけられているか分からなかったので，生徒が話を続けたので●教諭が生徒の袖を引っ張って「おいおい」と言った。なぜ制止されるのか分からないまま，立ち去ろうとしたところ，聞いているのかと言って，●教諭は生徒の両腕をつかんだ。生徒は「なんやねん」と言ってそれを振り解こうとした際，自分に向かってくるという恐怖を覚えた●教諭は生徒の左側に自分の右足をかけて転倒させ，押さえ込む。

　本人顛末書
　　……風船が突然大きな音で割れました。●教諭と私は非常に驚いたのですが，彼はへらへら笑って，●教諭にそのまま話を続けましたので，私は，「なあ，（●先生に）びっくりさせたんやから謝っときや」と言いました。彼は，こちらをチラッと見たのですが，それには無視をして●先生に話を続けていましたので，今度は，「なあ」と言いながら彼の制服の左下の裾をツンツンと引っ張りました。それでも彼は無視をしているので，私は「おい，きいてんのか」といって彼の制服の左袖をまたツンツンと引っ張りました。すると彼は私を睨みつけ，私の前を無言で立ち去ろうとしたので，私は両手で彼の制服の両肘を持ち，「ちょっとこっち

に来いよ」といって，●教諭から少し離れたところに連れて行き注意をしようとしました。
　すると，彼は私の両腕を持ったまま「何やねん」と大きな声で叫びながら私に向かってものすごい勢いで押してきたので，はじめは私の左のほうにかわし，次に右の方にかわしました。そこで恐怖感を覚えた私は，とっさに出した私の右足が彼の左足にかかり，二人とも両袖をつかみあったまま，私のほうからいうと右に倒れました。その時，私の上体が彼の上体より上になっていましたので，彼を落ち着かせようと，彼の上体を床に上から押さえつけました。
　しばらくすると彼は暴れなくなり，おとなしくなったので私は力を緩めました。……

　教員は生徒に謝罪を指示しているが，学校長名の報告書では，生徒は「反抗的ではなく，なぜ自分が●教諭から話しかけられているのか分からない」し，「なぜ，制止しなければならないのか分からない」となっている。このため，謝罪指示への無視と教員の注意が輻輳し累積している。教員は，生徒が睨みつけ無言で立ち去ろうとしたと述べているが，学校文書では，なぜ制止されるのか分からないまま立ち去ろうとした，と記述されている。また，教員は，生徒がものすごい勢いで押してきたと述べているが，学校文書では記載がない。ただ，こうしたやりとりの中で，教員が恐怖感を覚えたことは両文書に共通する。教員は，同じ顛末書の中で次のように書いている。

　「……人間関係のことをちゃんと伝えようと思いました。ところが，彼は急に『何やねん』といって向かってきたので，全く面識のない人間に対して急に歯向かってくることに驚き，深い恐怖感を覚えました」。

　教員の指導には，「人間関係のことをちゃんと伝えよう」とする二分法的思考が表出されており，謝罪指示はこのことからの帰結である。しかし，生徒は謝罪を拒否しているのではなく，謝罪指示そのものを理解してはいないし，そのことを伝えようともしていない。教員はあくまで謝罪を指示するが，生徒がその要求について理解していないということ，伝えようとしていないことに理解が及ばない。当該生徒から見た当該教員は「全く面識のない人間」とされており，このような関係にあっては「急に歯向かってくる」ことは教員には予期されていない。誤想防衛的機能としての有形力の発動は，理解をめぐるこうしたズレによるものとして評価できる。

2 時間圧力・非対称的関係破綻に対する応報／予防機能

　過去からの累積的な課題を有し，学習権侵害・授業遂行権能に関わる場合，どのように有形力が発動されるのか。ケース37（小学校）および17（中学校）から，授業成立をめぐる教員と児童生徒との相互作用と有形力の機能を見てみよう。

〈ケース37〉文書訓告・校長に厳重注意
「授業が成立しにくく，先に進まない焦りから」
　育休臨時講師（34歳，性別不明）4年担任 ⇔ 4年男子3名，女子1名
　事案の概要（市教委文書）

●月●日●頃，●校時の国語の授業中にふざけていて騒いでいた児童A・B・Cを教室の後ろに立たせる。立たされたにもかかわらず，さらにふざけだす。立たせていない児童もふざけて遊び始め，後ろの掃除道具入れロッカーの中に入ってふざけた。それを見てクラス全体が騒ぎ出し，収拾がつかなくなった。ふざけて遊び始めていた児童に，遊びをやめるように注意し，席に着くよう指導するが聞き入れなかった。立たせていた児童が国語の教科書でロッカーをたたきながら，まだふざけていたので，再度，繰り返し指導・注意したが，聞き入れなかった。そこで，掃除道具入れロッカーに入って遊んでいた児童Dを引っぱり出して，児童の左頬面を●回平手うちした。さらにまだふざけていた児童A・Bの頭を国語の教科書で●回たたき，児童Dと児童Cの太ももを蹴った。……

　児童の非違行為の発端は，授業中にふざけて騒いでいたことである。これに対し，まず，教員は落ち着きのない児童を教室の後ろに立たせる。教科書を持たせていることから，一定の配慮をした上での事実上の懲戒として認められる。しかし，その懲戒中の児童らがふざけ出し，他の児童もふざけはじめる。教員は騒ぎへの新規参入者に注意するが，聞き入れられない。先に懲戒を行った児童のふざけ行為が続き，再度注意するが聞き入れられない。まさに収拾がつかない状態となっている。教員の有形力は，身体を引っ張り出しての平手打ち，教科書での殴打，太ももを蹴るという複合的な様態となっている。

　校長の所見では，次のように記述されている。

　　「……（対応として）学習活動においては国語・算数の合同授業に取り組み他の教科においても可能な限りＴ・Ｔ（team teaching：筆者注）で取り組めるよう少人数担当

の●教諭，学年の●教諭，担任外と管理職を含めた全校体制で指導にあたる」。

　この文章からは，当該教員任せにはできず，このクラスを全校体制で支えなければならない，との考えが示されている。このクラスは，なぜこうした状況に至ったのか。本人の顛末書は自らの指導力不足に言及している。

　　「……●●●私の指導力不足により学習活動ならびに学級経営が揺らいでいました。この日（●月●日），●時間目の国語の授業時，3人の児童に落ち着きがなかったために教室の後ろで教科書を持たせました。その後，騒ぎ出して，一人の児童が掃除ロッカーに入ってふざけだしました。クラス全体が落ち着かず，授業が成立しにくく，先に進まない焦りから，子どもに体罰を加えてしまいました。
　　クラスは落ち着かず立たせていない●が後ろの掃除用具入れに入ってふざけだしました。授業が成立しない，先へ進めない焦りから，子どもに手を出してしまいました」。

　事実上の懲戒の効果がまったく見られず，授業成立・進行に係る焦りが原因として説明されている。小学校の学級担任は，一部の教科を専科教員が受け持つことはあるが，主要には全般的な教科指導および生活指導に責任を負っている。ある教科（ここでは国語）の授業が成立困難であるという事態は，教科内容の理解という認知的予期の問題でなく，教員の「〜せよ」「〜であるべき」「〜してはならない」という規範的予期が児童に規範的に予期されているかという問題である。後ろに立たせるという事実上の懲戒は，当該児童のみならず他の児童に宛てられた教員の規範的予期の具現化という役割を担っている。その意義が当該児童に何ら理解もされず（したがって効果も生ぜず），あまつさえ混乱が学級全体に波及した事態は，個別な相互作用・コミュニケーションではなく，集団的な理解レベルでの問題に他ならない。「学習活動ならびに学級経営が揺らいでいた」（顛末書）との陳述はこのことを指している。この過去の累積要素が現在を規定する。非違行為に対する事実上の懲戒が破られるとともに，個別のみならず集団との非対称的関係の破綻が突きつけられる。もぐら叩きのように個別な反抗を抑制し，全体秩序を現在的に回復するため，個に対して応報的，集団に対して一般予防的に有形力が発動されている。それに応じて，平手・モノによる殴打，蹴りという強化された態様を示している。指導力不足と

第 4 章　発　動

学級運営の困難状況（学級崩壊などといわれる状況）における事例の一つとして捉えることが可能であろう。こうした授業成立に関わるテーマは，中学校では学年全体の規模で見ることができる。

〈ケース17〉文書訓告
　「ここで厳しくしないと，これから先，授業が成立しなくなりかねない」
　教諭（55歳，性別不明）⇔1年　男子
　事案の概要（本人顛末書より）
　……1年●組教室で授業をしておりましたところ，廊下奥より●若特（「若年特別嘱託員」の略。以下同様：筆者注）の「戻りなさい」という大きな声が聞こえました。教室ドアを開けたところ，廊下向こうに●若特の怒っている姿が見え，目の前に1年●組生徒がおりました。その生徒が●若特に反抗していると思い込み，また，教室を抜け出した場合，その場で指導しようと学年で確認していたことを思い出し，「授業を抜け出してなにしている」というような大声を出し，その生徒の肩を押さえ込み，引き止め，顔や背中を数発平手で叩きました。

　この事態について，本人は心理的要因として次の四つの点を上げている（要約）。

①授業中，同組生徒が若特に暴言を吐き教室を抜け出し，若特と廊下で追いかけあいをするという出来事があった。（本人も授業をしていたが）この出来事を見過ごしてしまい悔いを残していた。そのため今回の若特の声に「また，●組生徒が反抗して，エスケープか」と，瞬時に思い込んでしまうことになった。②1年●組を中心に数名の生徒が，「授業前に教室に入らない」「チャイムが鳴る前に教室を出る」ということが直前の学年会でも課題とされ，「出会った教師がその場で注意をして，入室をうながすこと」

52）学級崩壊の理解として，例えば河村茂雄『学級崩壊に学ぶ』誠信書房，2006年，1頁。
　河村によれば，学級崩壊とは，「教師が学級集団を単位として授業や活動を展開することが不可能になった状態，集団の秩序を喪失した状態です。例えば，子どもたちの私語で授業が展開できない。教師の指示や説明を無視して勝手なことをやっている。授業中，用もなく立ち歩いたり，トランプなどをやっている。教師に集団で反抗するなど，学級全体が騒然として烏合の衆のようになっている状態」とされる。河村は，のべ400学級の子どもたちの学習意欲と学級生活の満足感を調査，その結果，子どもたちの学習意欲が極端に低く，学級生活への不満がとても高い37学級が見出され，担任の教員への聴取りの結果，これらのケースがことごとく学級崩壊の状態にあったという。学習内容の意欲の低さと学級生活の不満の高さの関係は明らかでないが，前者が認知的予期，後者が規範的予期に主要に関わっていることは確かだと思われる。

「特活・道徳・総合の時間を中心に見回りをすること」の二点を申し合わせた。そのため、「今度は授業中にか」と危機感をつのらせることになった。③抜け出すことが多い数名のうちの二名には、前日、チャイムが鳴って数分後に別のトイレに入ってきたところをつかまえて、「授業をしっかり受けよう」と指導した。この時の感触から、ここで厳しく指導しなければ繰り返しになると、とっさに感じ、行動に移ってしまった。④若特の声で瞬時の判断を求められたとき、「ここで厳しくしないと、これから先、授業が成立しなくなりかねない」と、冷静さを見失い、怒りの感情をたかめてしまった。

　ここでは、1年の特定のクラスの生徒の動向が学年全体の課題となっており、非違行為を現認した教員が指導をするという申し合わせがなされる。そのような中、生徒が若特に暴言を吐き、追いかけあいをする事態を見過ごしたことに悔いを残す。これが過去の累積要素である。加えて、特活・道徳・総合の時間でなく、「授業中にか」（一般教科の授業の成立がより重視されている）との危機感を募らせる中で、個別の生徒による反抗・エスケープの増悪が予見されることにより、「ここで厳しく指導しなければ授業が成立しなくなりかねない」と教員は追い込まれている。指導に対する期待外れによって教員はさらに厳しい指導へと駆り立てられているのだが、その目的は繰り返しの防御＝特別予防、授業の成立の確保＝一般予防にあると見られる。有形力は、過去の累積要素に規定され、未来の授業成立に係る危険を担保するために発動されており、生徒が反抗しているとの思い込みはあるものの、当該教員に直接向けられた非対称的関係破壊の言動は見られない。そのことが、身体を壁に押し付けてはいるものの、平手の殴打にとどまった理由であろうと思われる。

3　規範的テーマと約束による強要機能

　時間圧力（業間移動）にも関わるが、とくに規範的テーマと約束をめぐるものとしてケース5を取り上げる。

〈ケース5〉厳重注意
　「約束だから、先生はつれていくよ」
　教諭（39歳、男）⇔中学部3年（15歳）知的障害
　事案の概要

第4章　発　動

・担任の●教諭，●教諭は音楽を聴いていた●に早く移動をするよう促し，他の生徒を引率して中3●教室から，音楽室に移動した。
・隣のクラスの担任である●教諭が，巡回中，中学部3年●組の教室の前を通りかかったところ，●がテープを聴いているのを認めた。
・「音楽の授業があるから音楽室に行こうな」と促したが，●は，動こうともしなかった。
・●教諭は，ぎりぎりまで待とうと思い，時計を見せたうえで，「●まで，あと2分ある。●になったテープを止めて，音楽室に行こうな。約束できるか」と●に問いかけた。●は，「うん」と生返事したが，すぐに「テープが終わるまできいていたい」と付け加えた。●教諭は，重ねて「●になったら，みんながまっているから音楽室にいこうな。約束しような」と指示。●は，「うん」と返事。
・●が動こうとはしなかったので，●教諭は，時計を示した上で，「時間になったから行こう」と促したが，動こうとはしなかった。
・●教諭は，「じゃあ，約束だから，先生，●君を連れて行くよ」と言って，●の手を引っぱったり腰を押したりしながら音楽室への移動を促す。
・●は，「僕は，この曲が終わるまで行かない。僕は悪くない」と興奮して，やがてなき始めた。
・●教諭は，身体を確保するために●の背後から首と脇腹に手を回し，その状態で音楽室まで連れて行く。
　…授業の終わり頃には，興奮状態が収まる。●教諭，●教諭が●の擦り傷を確認。

本人顛末書
　……もう一度，行くように促したが動かなかったので，「じゃあ，約束だから，先生，●君を連れて行くよ」と言って，手を引っ張ったら，興奮し始め，やがて泣き始めた。……

　学校報告書には，本人顛末書にない生徒の言い分が記載されている。「僕は……行かない。僕は悪くない」というのがその部分である。
　教員は，まず，テープを聴いている生徒に時計を示して2分経ったらテープを止めて移動することを約束させようとする。生徒は「うん」と生返事をし，「テープが終わるまできいていたい」と付け加える。教員はこれに対応せず，再度，約束を確認しようとする。これに対して，生徒は「うん」と答えている。この時点で教員にとっては「移動の合意」が成立したことになる。しかし，時間になっても生徒は動かない。そこで，教員は，この合意をもとに移動を強行しようとする。これに対する生徒の主張が，「僕は悪くない」というものである。生徒は，「約束を破ることは悪い」という理解を前提にしているように思

われる。にもかかわらず,「僕は悪くない」とすれば,生徒にとっては約束が成立していなかった,ということになる。

　教員は,自らの行為の意図を生徒の母親への謝罪・面談において,次のように話している。

　……時間を守る大切さを知ってほしいと思った。●君は十分理解できる能力を持っている。今後の社会生活では大切なことなので,指導したい。ただ,興奮する彼を押さえようとした指導のためとはいえ,行き過ぎた点があり,申し訳なく思っている。

　ここでは,規範的テーマとして時間を守る大切さの理解の履行請求がなされている。その前提は,十分理解できる能力がある,という判断にある。時間圧力は教室間移動にかかっている。教員は,約束に基づいて移動を実現しようとするのだが,生徒の約束は心裡留保であり,時間を守る大切さはテーマになってはいない。教員の有形力の行使は,非対称的関係における擬制的合意による強要機能に他ならない。

　以上の事例をもふまえ,有形力の発動による事実上の懲戒のあり方を整理しておこう。このサンクションは,児童生徒の非違行為との関係では法益侵害類型に対応した一定の傾向の可能性は否定できないものの,公平性や比例原則を見出すことはできない。教員の評価は児童生徒の行為に対する直接的なものではなく,指導という理解義務の履行請求によって予期を修正することが期待され,この期待外れの相互作用として刑法概念類似の多義的機能を担って有形力は発動されていることになる。

　教員の反省のあり方では,懲戒として議論することが回避される傾向にある。例えば,毅然とした指導と体罰の違いを区別すべき,との主張が見られる[53]。しかし,このような発想は,これまで指摘してきた「毅然とした／毅然としていない」という二分法から一歩も出たものとなってはいない。有形力の発動に先行して事実上の懲戒が行われているケースが散見されるが,この事実上の懲戒とその破綻についての議論が取り上げられている例は見当たらない。毅然と

---

53) 例えば,ケース13。

した指導とは何か，さらに，毅然とした指導が破られたとき，その違背をどう処理していくのか，見通しのつかない後退・忍耐が求められることになる。そして，規範的予期の課題として，つまり懲戒としての論議を行わないことが，児童生徒の非違行為についての処理を曖昧にさせるだけでなく，その他の児童生徒の予期形成にどのように関わるのかが不分明になっているのではないか，ということが懸念される[54]。ただし，ここではとりあえず論議のあり方そのものに注目しておくことにしたい。後に検討するように手続保障に向かう契機という課題が背後におかれているからである。

---

54) そうした非違行為の例として，「いじめ」（ケース28），「暴力」（ケース50）などが挙げられる。これらのケースでは，本来，被害生徒の救済や被害の拡大を防止しなければならない。また，生徒が自らの非違行為を反省したり，他生徒がそれらをどう考えたりしていくか，についての機会が与えられることが必要となる。ここでは，指導にすべてを帰すことのできない限界があると思われる。

第5章 構　成——非難可能性をめぐる相互作用

　児童生徒の非違行為に対する有形力として発動された懲戒が，教員の非違行為にあたるのか，どのように非難されるべきかが争われていくことになる。一方，この過程への突入は，先行する児童生徒の非違行為の処理にも変容と困難性をもたらす[55]。まず，当事者である児童生徒による第一次的な構成，伝達を契機として保護者による第二次的構成が行われていく。伝達の欠如によって，教員の行為の非違性が発見されたり指摘されたりすることもある。こうした論議から，伝達は対処可能性の確保と非難可能性の拡張という二つの機能に関わることを示唆しうる。前者は，費用計算に関わり，後者は責任に関わっている。第一次構成と第二次構成は相対的であり，かつ，独立したものでもある。違法性・非難可能性をめぐって事態の説明と謝罪が要求され相互作用が展開される。このプロセスは，事案によっても時間軸と諸機能の参入によっても複雑かつ多様な様相を呈する。中心となる要素は，第一次的には子どもと教員（児童生徒の集団と教員の集団を含む）の関係性であるが，体罰事案の発生は，ただちに保護者（父母等）という要素を登場させる。第二次的構成がはじまり，これに対応する管理職としての校長や教頭をはじめとする関係教員の参入を要請す

---

[55] この典型的なケースとして，懲戒処分等の対象となっていない6ケースの内の一つに次のものがある。校外で非違行為を発見した教員が生徒を捕らえ，逃げた生徒から話を聞く過程で教員の有形力が発動された。いったん，生徒は自らの非違行為を認めたが，帰宅後，このことを撤回し，保護者ともども教員の行為に対する非難へと向かった。学校は，当該教員が生徒の非違行為を現認していたこと，非違行為を認めた他生徒の証言をもとに当該生徒に非違行為があったと認定し懲戒を申し渡したが，生徒は最後まで自らの非違行為を認め反省することはなかった。

ることになる。さらに，このプロセスにも服務監督権者の教育委員会の参入が認められる。本章では，まず，伝達の状況について概観し，次に第一次構成と第二次構成において伝達の意義を検討し，さらに諸機能を相互作用と非難可能性の拡張において観察していきたい。

第1節　伝達の状況

　教員―児童生徒間で生起した事態は，最も有力な伝達者としての双当事者から他者へと伝達される。当事者である児童生徒からは，学校内では他の教員へ，また家庭では保護者へと情報が伝達される。他方，当該教員からは管理職へ伝達され，同時に保護者にも伝達されることが想定される。行政文書ではどのようなことが観察できるのか。まず，情報の伝達の流れを整理した。当事者である教員が中心となっているのは，行政文書が当事者である教員からの聴取りを中心に構成されているからである。伝達の詳細は，文面によっては読み取りが困難なケースもあるが，おおよその把握は可能である。処分説明書等が存在している場合については，伝達の有無を記載している。

〈当事者の教員が自ら管理職等への報告を行ったことが確認できないケース〉
ケース1　府工　保護者が診断書を持参。(喫煙行為の謹慎申し渡し時)
　　　　　　　　訓告：報告に関する非難なし(以下『なし』と記載)
　　　2　府高　担任教員が同クラスの他の生徒より知らされる a-1。保護者(母親)より，
　　　　　　　　担任教員に抗議の電話入る。
　　　　　　　　訓告：「なし」
　　　5　府養　保護者が連絡帳に「首のかき傷が気になって，本人に尋ねたら……」と記入
　　　　　　　　しているのを担任教員が知り家庭訪問。その後，校長に連絡。保護者が府教
　　　　　　　　委に訴え。
　　　　　　　　厳重注意（口頭）：「なし」
　　　8　府養　他の教員が教頭に報告。教頭より祖父に説明。
　　　　　　　　訓告：「なし」
　　　11　市中　保護者が校長に電話し，教育委員会に訴えのため訪問。
　　　　　　　　処分説明書：「なし」
　　　13　市中　担任教員より教頭に報告。保護者に電話で連絡。
　　　14　市中　保護者が生徒指導主事に訴え。

17	市中	耳鼻科に連れて行ったのち，来校した保護者に説明。
20	市小	担任教員が，児童より告げられて知り，教頭に連絡 a－2。合わせて，学級補助に入った講師が教頭に連絡。保護者への連絡の仕方は不明。 処分説明書：「なし」
21	府高	①指導に抗議した女子生徒（5名）が職員室に伝える a－3。担任，学年代表，教頭と当該生徒と話したのち，担任より保護者に連絡。 ②当該生徒が担任教員に報告 a－4。担任・学年代表・学年生指三者で相談，保護者に連絡。 ③たまたま教頭が担任教員から説明を受ける。担任から連絡するも保護者不在。 処分説明書：「なし」
22	府高	保護者（父親）から学校に連絡（当日は管理職不在）。 訓告：管理職への未報告
23	市中	教員，担任教員，養護教諭は報告せず。ケガをしているのに医者に見せず。担任教員が保護者に連絡。
26	市中	保護者が児童の「頬が赤くなっているのを見て」事情を聞くため来校。
28	市中	教員，立ち会った教員は報告せず。担任もその事実を聞かず。保護者が校長に問い合わせ。
29	市中	歯科からの養護教諭という電話が途中で切れたので教頭が不信に思い，保健室に行き確認。教頭が母親の勤務先に出向く。
30	府工	生徒が帰宅したため家庭に連絡するが保護者不在。府教委（児童生徒課）から学校に保護者より訴えがあった旨の連絡あり。
31	市中	病院には連れて行かず。保護者の知人が市教委に訴え，市教委が校長に連絡。 処分説明書：管理職への未報告，保護者に対する未連絡。
33	市小	（誤認された生徒の）保護者から抗議の電話。
35	府高	教員，周りにいた教員は報告せず（校長は午後より不在）。教頭はいたが，事実を知りながら教員から事情も聞かず，その後，校長へも報告せず。父親から校長に事情を聞きたいので来校する旨の連絡あり。 訓告：「なし」
36	府工	保護者（母親）が生徒の顔の腫れを不信に思い尋ねる。学校に「管理職と●先生と話し合いたい」旨の電話し来校。 訓告：管理職への未報告
37	市小	同学年の教員が教頭に報告。教頭と教員は，放課後，当該児童宅に謝罪に行く。
38	市中	担任にのみ報告。また，担任から管理職へも保護者への報告もなし。PTA役員から合唱コンクール当日，質問されて管理職が知る。
39	市小	翌日，母親から電話連絡で学校側が知る。 処分説明書：管理職への未報告
40	市中	生徒が保健室に来て養護教諭が確認。保護者に連絡。 処分説明書：管理職への未報告。
41	市中	1年所属の教員にその場を依頼。生徒は，自分のケイタイで母親に電話。母

第 5 章　構　成

　　　　　　親が来校。
　43　市小　保護者（父親）からの電話。市教委からの電話。保護者には連絡せず。1人
　　　　　　につき口止めしていた。
　44　市中　状況を見ていた友達数人が，体罰であると騒ぎ，授業終了後，数名が校長室
　　　　　　に訴えにきた。保護者には電話で連絡。
　48　府工　教頭に他の教員が連絡。生徒に口止めを図っていたことが判明。
　　　　　　処分説明書：管理職への未報告，口止め
　49　市小　保護者（父親）より校長に抗議の電話及び保護者（母親）からの抗議の電話
　　　　　　を教頭が受け，初めて学校側が知る。
　50-①市小　母親が生徒の頬を見て学校に連絡。他の生徒の父親が府教委に教員の行為
　　　　　　について抗議。府教委から市教委に連絡。市教委から学校へ事実確認の指示。
　51　府高　生徒が退部の意志を同級生に伝え，それを聞いた3年が他の教員に相談し
　　　　　　た。
　　　　　　訓告：怪我の有無の未確認，管理職への未報告
　52　府高　担任が生徒から事情を聞き，管理職へ報告。保護者へも担任が報告。
　　　　　　訓告：ケガの有無の未確認，管理職への未報告。
　53　市小　他の教員から校長が聞く。保護者（母親）には電話連絡。
　54　市小　他の教員がケガに気付き，生徒を職員室に連れて行く。教頭が保護者に連絡。
　　　　　　処分説明書：未救護措置，管理職への未報告
　56　市中　隣のクラスの担任教員が学年主任に連絡，学年主任が校長に報告。保護者宅
　　　　　　へ留守電。母親から電話，来校。
　　　　　　処分説明書：未救護措置，管理職への迅速な報告なし
　58　市中　教頭が他の教員から報告を聞く。6人の生徒の保護者には連絡。
　　　　　　処分説明書：未救護措置，管理職への未報告
　59　市中　担任教諭に「手を上げた」旨を連絡後，時間年休取得。校外から校長に電話，
　　　　　　担任が保護者に連絡。
　　　　　　処分説明書：未救護措置，管理職への不適切な報告，謝罪の指示に服さず
　60　市小　当該教員からも養護学級担当者からは報告なし。保護者が連絡帳で，生徒の
　　　　　　足の甲に「青あざ」が出来ていると連絡。
〈家庭への連絡がただちにとれなかったケース〉
　　3　市中　教頭に報告。保護者には連絡がつかず。
　25　市小　校長に報告。保護者には連絡がつかず。
　27　市中　校長，教頭不在。養護教諭が病院搬送の際，帰校した校長に出会い報告。保
　　　　　　護者に連絡とれず，当日，三者懇談に保護者が来て分かる。
〈管理職等への報告，保護者への連絡がとれたケース〉
　　4　市小　校長に報告。保護者（祖母）に連絡。
　　6　府養　管理職に報告。保護者に連絡。
　　7　府養　教頭に報告。居合わせた教員が連絡帳を書く。
　　9　府高　校長に報告。保護者に連絡。
　10　市中　担任に報告。担任より保護者に連絡。担任から教頭に報告。

12	市小	校長に報告。保護者に連絡（家庭訪問）。
15	市中	教頭・生徒指導主事に報告。教頭が保護者に連絡。
16	市小	校長に報告。保護者に連絡。
18	市小	周りの児童に担任，養護教諭に連絡させる。養護教諭が保護者に連絡。
19	市小	校長に報告。教頭より保護者に連絡。
24	市小	教頭に報告。保護者に連絡。
32	市中	校長に報告。母親に連絡，来校。
34	市小	教頭に連絡。家庭訪問し保護者に説明。
42	市中	校長が事情聴取。養護教諭が電話連絡。他の教員が事情説明。
45	府高	教頭に説明。タクシーで自宅まで生徒を送り，教頭，学年主任，担任とともに事情説明。
46	市中	生徒指導主事が管理職に報告。母親に連絡，来校。
55	市中	ケガの処置過程で教頭が確認。養護教諭が保護者に連絡。処分説明書：「なし」

＊なお，47は報告，連絡の記載なし。57は学校内に母親が待機している。

　当該教員が，学校内の伝達を行っていないケースで，児童生徒が他の教員に伝達したことが確認できるのは，ケース2．20．21-①②（a-1からa-4）である。その内，当該児童生徒自身によるものが明記されているのは21-②の高校ケース（a-4）で，伝達先は生徒の担任である。小・中学校では，当該児童生徒からの学校内の伝達は確認されない。とくに小学校では，当該教員が担任者である場合がほとんどであり，この場合，伝達のために他の教員が選択されることは困難であると思われる。

　当該教員より管理職への報告が確認できないケースは5年間で40件，約2／3を占めている。加えて，保護者への連絡を怠っているケースも多い。ただし，家庭への連絡を担任教員，養護教諭，管理職等が行っていることもある。怪我をした場合，医療機関への搬送のために連絡が取られていることも多い。結果として保護者に連絡がなされなかった場合，保護者から学校への問い合わせや抗議が15ケースで確認される（ケース1，2，5，11，14，22，26，28，33，36，39，43，49，50-①，60）。その他に，保護者が直接府教委に訴えたもの（ケース30），保護者の知人が市教委に訴えたもの（ケース31），ＰＴＡ役員が指摘したもの（ケース38）がある。府教委の処分説明書等でも，事後措置としての報告・連絡の懈怠を非難されているケースがある（ケース22，31，36，39，40，48，

第5章　構　成

51, 52, 54, 56, 58, 59)。これらの内，4ケース（ケース22, 36, 51, 52）を除いて，戒告以上のケースである。ケース21までは，管理職への報告や保護者への連絡が行われなかった場合でも，処分理由書等において非難はなされていない。このことは，府教委において特定の時期に報告・連絡の懈怠が意識されはじめたことを推測させる。なお，懲戒処分でなく服務上の取扱いとなったケースで各町村教育委員会が服務監督権を有している場合，訓告・厳重注意等の文書そのものはここでは確認できない。前述したように，当該市町村に対する情報公開請求が必要となる。報告がなかったことについて，事故報告書の中で，その理由や判断が明らかにされているケースも見られる。

第2節　当事者による第一次構成

　児童生徒からの学校内伝達が稀少であることは確認されたが，このことと彼らがいかに体罰を構成するかということとは直接の関係はない。子どもによる体罰構成は，通常，学校による事情聴取を通じて記述されたもので観察される。ただし，文書によって聴取りが確認される場合でも，子ども自身による記述が添付されているものはめったにない。この点，ケース48では，処分説明書によれば，当該教員は管理職への報告の懈怠および生徒への口止めをしたと受け取れる発言を行ったとして非難されている。このこともあってか，生徒たちからの事情聴取が行われ，3名の生徒の自筆による事情調書が添付されている。そこで，この調書を手がかりとしつつ，生徒がどのように体罰の違法性・非難可能性を構成しているのかを観察することにしたい。

　ある生徒は次のように書いている。「（先生は）『俺，お前に手出していないな？』と言いました。その瞬間にウインクされたので僕は『はい』と答えてしまいました」。「部活の時に……『俺，お前に手出ししないよな？』と聞かれたので，仕方なく『はい』と答えてしまいました」。「●学期の授業態度が悪かったのは認めます（a-1）けど，●学期と真剣に授業を受けていた（a-2）のに，●先生に手を出された事にはらがたちました（a-3）。でも●先生は部活の大

51

切な先生なので，今は複雑な思い（a-4）です」。(A)

またある生徒は，「●先生の所まで行くと『おれは，たたいてないな？』とか『なぜただけやな』とか，『他の先生とか親にはたたかれたって言うなよ』と，言われました」。「僕達が遅刻をしたから（b-1）たたかれるのはしかたないと思う（b-2）けど，口止めすることはダメだと思います（b-3）」。(B)

さらに別の生徒は，「僕は●で遅れてきたのは悪いと思ってます（c-1）けどなぜ●先生になぐられたりしないといけないのかと怒りながら不思議に思った（c-2）。担任の●先生に怒られるならともかく●先生から言われることはないと思った（c-3）」。(C)

同じ教員からの同じような行為であっても，3人の生徒の受け止め方はそれぞれ異なっており，教員の行為を体罰としてどのように構成するのかのヒントが隠されている。A，B，Cとも，自らの非違行為については反省している（a-1，b-1，c-1）ただし，Aにとっては，その非違行為は旧学期のことであり今は真剣に授業を受けていたので（a-2），手を出された事にはらをたてている（a-3）。Bは，遅刻してきたことに対して，たたかれるのは仕方ないと思っている（b-2）。Cは，なぜ●先生になぐられたりしないといけないのかと怒りながら不思議に思っている（c-2）。非難の表明は，AとCであるが，Cではさらに考慮されるべきものが「不思議に思っている」と示唆されている。教員の評価もそれぞれである。Aは「部活の大切な先生なので，今は複雑な思い」（a-4）を吐露し，Cは「担任の●先生に怒られるならともかく，●先生から言われることはない」（c-3）としている。

生徒は，自らの行為と教員の行為との評価を学校による事情聴取の中で行っている。生徒によって構成される体罰の違法性・非難可能性においては，生徒自身の非違行為の反省およびそのことと教員の行為との関連性，怒りなどの感情，教員との関係性などの要素があると推定される。つまり，事情聴取という手続（そのもとで行われる相互作用）によってこうした構成が可能となっているのである。

教員の行為を唯一許容していると見られるのがBである。Bは，「口止めす

ることはダメだ」と述べている。このことの意義については，伝達の機能として次節で考察することにしたい。

第3節　第二次構成と伝達

　伝達の具体的な表れとしての「報告・連絡」という用語は，行政文書では「管理職への報告，保護者への連絡」等と使用されているが，明確な区別はされていない。使用する側にとって，伝達内容の度合いは一定反映されているだろうが，ここでは厳密な規定は必要とはされない。教員―児童生徒間で生起した事態は任意に伝達されるが，行政文書において記述されるのは，あくまでも関係当事者における事実に縮められる。ここには構造的に不可視な場所が存在する。それは，児童生徒と保護者のやりとりである。学校における伝達は，教員⇔管理職等，児童生徒⇔教員等，学校⇔保護者・児童生徒で一定の観察は可能であるが，家庭（という別のシステム）で行われる子ども⇔保護者との間の伝達・相互作用・コミュニケーションのありようは直接的に検証することはできない。こうして，行為の全体的な再構成の困難さという負荷のもとで，生起した事象が体罰へと構成されていく，という理解に立つことが不可避なのである。

　体罰の構成について，伝達がどのような機能をもつのかを，報告が欠落したケースから考察してみたい。ケース28では，校長・当該教員・同席教員がそれぞれ顛末書の中で報告に触れている。まず，校長によれば，「体罰を行った●教諭とその場にいた●教諭が，管理職や生徒指導主事に報告しなかったことも，あってはならないことであり，大変残念に思っています。そしてそのことが，保護者への対応を難しくしただけでなく，学校に対する信用を失墜させることにもなりました」。次に，当該教員からは，「体罰を行った際に管理職に早急に報告しなかったことも，以後の対応の遅れを招き，事態が拡大した原因となったことについても深く反省しており」，この場に同席した教員からは「体罰を報告しなかったことが以降の対応の遅れを招き，事態が拡大したと深く反省しています」と述べられている。

ケース38では，当事者の教員は管理職にも保護者にも連絡をしていない。その理由について次のように述べている。「●教諭に事件のあらましを説明した。保護者への連絡を考えたが，本人に謝罪したこともあり，納得してくれていると思い連絡しなかった。管理職への連絡も同様の考えから怠っていた」。これに対する校長の報告書では，「体罰の禁止と管理職への事後報告がなかったこと，危機管理の甘さを厳しく指導した」と述べられている。

　昨今では，危機管理が教育論議にもよく見かけられるようになった。ある県の「学校の危機管理」というマニュアルでは，「学校の危機管理とは，『学校教育に関して生じうる事件や事故そのものを防止し，あるいはその被害を最小限にくい止めるための措置（予防的措置）及び生じてしまった事件や事故に対する善後策に関する経営行為』である」と定義している。こうした文脈において報告が理解されてはいるのだろうが，それにしては，前者では，報告が義務として捉えられているのかどうかが明確ではない。後者でも，校長によれば，「（報告しなかったことも，）あってはならないことである」が，「大変残念に思う」という主観の表明で済まされている。これは，法的な義務違反に対する非難というよりは，道徳的規範のレベルにとどまっているように思われる。後者でも「危機管理の甘さ」という情緒的表現で括られている。ここでは，報告が対処可能性を拡大すること（時間的確保）への重要な機能への着目を見て取ることができるが，この捉え方はいくらか結果から行為を照射しているきらいがあり，費用計算の側面への意識化に傾斜している。法的義務を費用計算で根拠づけることは困難である。このことを考えるためには，別の視点が必要であると思われ

---

56) 例えば，OECD（2005），*Scholl Safety and Security: Lessons in Danger*。邦訳として OECD 編（立田慶裕監訳，安藤友紀訳）『学校の安全と危機管理——世界の事例と教訓に学ぶ——』明石書店，2005年。本書では，リスク・アセスメント，危機管理の計画とマネジメント，インフラの整備，協働的アプローチ，教育訓練等について，諸国の経験的研究が紹介されている。
57) 山梨県総合教育センター「学校の危機管理」1頁。この文書は，68頁の大部なもので，Ⅰ. 学校の危機管理とは　Ⅱ. 学校の危機管理の態様　Ⅲ. 学校事故対応の基本　Ⅳ. 危機管理への対応，が説かれており，具体例が分類され，事件・事故の具体例とその対応が示されている。

る。

　そこで，前述した，前節ケース48（府工）の生徒調書に見られた「口止めすることはダメ」と，ケース38の教員の陳述に立ち戻ってみることにしよう。前者は，府教委の処分説明書では，「あなたは，当該男子生徒らに，あなたの行った体罰を口止めをしたりと受け取れる発言を繰り返し行い，当該男子生徒らに精神的な苦痛を与えた」と非難されている。新設された大阪府の教職員懲戒処分規定でも，報告の隠蔽が量定の加減に関わるものとされている。ただし，生徒はここでは自らの教員に対する非難は放棄しているものと思われる。とすれば，生徒の言明はどのように解されるのか，が問題となる。そこで，この言明を強制によるコミュニケーションの閉鎖として捉えてみる。具体的には，生徒から「他の先生とか親」へのコミュニケーションの接続可能性を奪うこと，である。もっとも，Bが教員のウインクに「はい」と反応したり，仕方なく「はい」と答えたりすることに，教員と生徒の非対称的な関係のもとでの強制を見ることは容易であるが，より有益なことは，「たたかれるのはしかたない」という非難可能性論議の放棄に比して，「口止めすることはダメ」では他者による非難可能性論議に道を閉ざすことは許容されない，とする解釈である。

　同様の視点からケース38を見てみよう。教員の顛末書には，納得についての解釈が見られる。それによれば，教員による謝罪に対する生徒の納得によって，事態は教員と生徒との当事者間のコミュニケーションとして閉じられる，とする考えであり，具体的にこのケースでは生徒が納得しているという解釈である。ケース48は強制がテーマであったが，ここでは謝罪―納得がテーマになっており，前述した生徒の言明に現れた非難可能性論議への接続に着目することが重要であると思われる。つまり，この段階で体罰が構成されたとしても，先に述べた構成の相対性，独自性をふまえ，非難可能性論議に開かれることが必要なのだ，ということである。そして，そのようなコミュニケーションの接続によって，この段階における体罰構成を認めつつも，謝罪―納得の検証を一定保障することによって，いったん構成された体罰の再構成が可能となるのである。

校長が教育委員会への報告を懈怠したことによって処分されたケース55の校長顛末書では，保護者の意向がテーマとなっている。当該教員には，本件までに計4回（H.14①，15①，16②）の体罰歴がある。このうち，第一回目の事案（校外学習後）は前任者の校長が市教委にも報告しており，この校長にも既知の事実である。第二回目の事案（部活動）は，体罰であるとの認識はあり，「市教委に報告しなかったことは，校長として判断が甘かったと思います」と述べている。第三回目の事案（補習中）は，当該教員からの報告がなかったため，市教委への報告は不能であったが，「しかし，校長として知らなかったのは怠慢であると思います」としている。第四回目の事案（授業中）では，体罰であると考えるが，「市教委に報告しなかったことは校長としての判断の誤りだったと思います」と述べている。ここで，校長が挙げている，判断の甘さ・怠慢・判断の誤りなどは，表現は異なるもののステレオタイプ化した反省の弁に思われる。だが，これら未報告の背景には，校長自身の隠された意思の存在がある。校長は，動機について次のように述べている。「●教諭は，管理職として頑張ってもらいたい人材であると思い，保護者も●教諭が反省をして，生徒に二度と体罰を起こさないようなら，厳しいことは望まないとの意向もあり，市教委に報告していません。冷静に考えると，●教諭のためにも，逐一，市教委に報告し，本人に反省をさせた方がよかったと今，思っています。校長としての私の甘い判断が，何度も体罰を起こす原因の一つになったのではと，反省しているところです」。報告によって懲戒処分等が行われれば，管理職への登用に支障があることが懸念されているのであろうが，校長は保護者の「厳しいことは望まないとの意向」をもってコミュニケーションを閉じられると考えている。「厳しいことは望まない」というのは保護者の構成した体罰の非難可能性ではあるが，これが相対的なものであることは論をまたない。校長の反省の弁は，主要には当該教員に対する自らの行為の意図と結果に向けられており，対処可能性の拡大も非難可能性の相対性も明確な認識として示されてはいない。

　納得や強制といった特定の理由からではなく，保護者への伝達が何がしかの理由で行われなかったとき，体罰はどのように構成されていくのか。多くは，

第 5 章 構　成

子どもの訴えや，身体の損傷等を保護者が発見することからはじまる。こうした発見から，問い合わせや抗議などの伝達がはじまっていく。保護者に対する子どもの訴えは，具体的には観察されない。怪我の発見についての記述がやや詳しく文書で確認できる例が養護学校と小学校の養護学級のケースである。まず，ケース 5 では，学校からも生徒からも直接の伝達はない。報告書によれば，保護者は連絡帳で次のように書いている。「首のかき傷が気になって，本人に尋ねましたら，『●先生にされた。』ともうします。事情がわからないし，色々あったのだと思います。いきさつを教えてください」。これを読んだ担任教員（当事者教員ではない）がただちに家庭訪問にでかけている。ケース26では，「家に帰ってきたA君のほほが赤くなっているのを見て，母親が事情を聞くと担任からたたかれたことが分かる。母親は，担任から何の連絡もないことを不審に思う。……母親は，事情を聞くため学校へ行く」と報告書は述べている。ケース60では，「保護者から，『左のふくらはぎと左の足の甲に青タンがありました。児童Aが自分でこけたぐらいではそんな場所に青タンはできません。かまれたのか，つねられた後に見えます。どうしたらあんな青タンになるのですか？すこしかわいそうです。』という連絡が，書かれていた」としている。

　これらのケースにおける児童生徒は，知的障害児（ケース 5 ），広汎性発達障害（ケース26），「自分の願いや考えをうまく相手に伝えることができない児童A」（ケース60）と記されていることからも，児童生徒と保護者の間の伝達の困難さが想定されるところである。そのため，学校⇔保護者の伝達手段としての連絡帳の存在は重要な意義を有している。子どもが怪我をしているのにもかかわらず，電話等の連絡もなく，連絡帳にも記入されていないこれらのケースでは，保護者は事実確認を含む抗議へと向かっている。

　以上のように，子どもからの訴えや，子どもの身体の損傷の発見から事実確認を含む抗議という伝達が第二次的体罰の構成の開始となる。ここで注意しておくべきは，身体の損傷という結果が体罰を主要に構成するという訳ではない，ということである。いうまでもなく，身体の損傷の程度は，体罰のありようを考える際のきわめて重要な要素であることは確かである。ただし，伝達か

ら考えるときには次の要素に着目する必要がある。すなわち，なぜ伝達が行われなかったのか，どんないきさつがあったのかについて，保護者が学校（教員）に対して問う根拠として身体の損傷が存在しているということである。このことは身体の損傷の程度とは別の問題である。逆説的にいえば，本ケースにおいては仮に身体の損傷の痕跡がなければ，事実の糾明と体罰への構成が困難であったと思われるからである。次節では，いきさつをめぐる抗議—謝罪という相互作用において，体罰構成がどのように行われていくのかを観察してみたい。

第4節　相互作用と非難可能性の拡張

　学校から伝達され，あるいは何らかの欠落によってはじまった事実確認あるいは抗議のための伝達が第二次構成のはじまりであるが，この事実確認を含む相互作用は，主として児童生徒の保護者と当該教員・学校管理職等の謝罪とその受容をめぐるものとなる。本節では，非難可能性の拡張と諸機能の参入について，典型事例から観察を試みる。主導的諸機能としては，校長・教育委員会・ＰＴＡを取り上げる。

1　校長という機能

　まず，学校が保護者の体罰構成を理解したと誤信したことから非難可能性が拡張されたケースを検討する。これは，校長の体罰処理の終結判断から，保護者の新たな非難可能性の構成がはじまったケースである。この過程では府教委も参入するが，注目すべき主導的役割は校長である。保護者の抗議と学校側の謝罪，その受容をめぐる解釈の断層によって抗議が別の機能に接続され，そのことを通じて改めて伝達がはじまる。ここで抗議とは，保護者が体罰の構成をもとにその理解を求める伝達であり，謝罪とはその伝達を理解し，その相手の予期に適う伝達をすること，といえる。ただし，謝罪が許容されないこともある。こうした理解のズレとその帰結について，先述したケース5（養護学校）[58]

第5章 構　成

を再び俎上に載せる。まず，当該教員と教頭が家庭訪問して謝罪する。そこでは以下のやりとりがある。

　教頭　　「子どもに傷を負わせたことは大変申し訳なく謝罪する（a-1）。指導の経過とはいえ，あってはならないことである」。
　当該教員　「傷を負わせたことは，弁解の余地なく申し訳ない（a-2）」。
　母親　　「いくら謝っても許されるものではない。（a-3）　いきさつはわかった。（b）　しかし，曲が終わるまで待つ方法もあったはずだ（c）。……養護学校は軍隊ではないのだから強制しないでほしい。半分は分かった。（d）　しかし，あなたの言っていることを全部分かったと言ってしまうと，昨日から考えていることが間違っていたことになる」。
　当該教員　「特にお母さんの気持ちを知って，無理強いはよくないと反省している。今後は絶対にしない」。
　教頭　　「●教諭も反省している。今後の●教諭への指導をお約束する」。

　当該教員も，教頭も母親に謝罪している（a-1, a-2）。にもかかわらず，母親は，「いくら謝っても許されるものではない」（a-3）と返答している。このやりとりについて，教頭は校長に電話報告を行っている。それによれば，「指導の意図は理解していただいたようですが，傷がついたことについては納得されていないようです」となっており，その後，校長が教頭および当該教員から直接報告を受けた際，当該教員も，「傷を付けたことについては納得できないといわれましたが，指導の意図については理解してもらえたと思います」と述べている。ここで，指導の意図については理解してもらえたと思います，と述べられているのは，（b）の「いきさつはわかった」に対応している。学校（教頭・当該教員）の理解の仕方は，事態を行為の目的（指導の意図）と結果（傷をつけたこと）の要素に分け，その一方が充足されたとするものになっている。確かに，母親が「半分はわかった」と返答していることからすれば，学校側の受けとめ方が全く的外れであるとはいえない。だだし，ここでは生徒が「僕は悪くない」と述べていたことを想起してみる必要がある。教員は，時間の重

58）本書42-43頁。

要さを教えることをテーマとし，移動の約束は成立したとみなしたが，生徒にとってのテーマは音楽を聴くことであり，約束は成立してはいなかった。生徒による母親への伝達内容およびやりとりは不明であるが，母親の「曲が終わるまで待つ方法もあったはずだ」（ｃ）は，生徒の不納得と一致している。当該教員の反省と教頭の指導の約束に対する母親の返答は記述されていない。最初に母親が述べた「いくら謝っても許されるものではない」とする言明は，当該教員と教頭によって行為の意図の理解と結果の不納得という比較衡量によって処理されたと思われる。いずれにせよ，この報告をもって校長は終結と判断している。

終結という語彙は，校長と保護者間での伝達も相互作用・コミュニケーションも必要としないということを意味する。具体的には，校長としての説明や謝罪，あるいは配慮事項の要望を聞くことなどが考慮の外におかれたということになる。この時点で，校長が保護者との間において確定したと信じた教員の行為の非難可能性は，「指導の意図について理解してもらえた」「傷を付けられたことは納得できない」ものであった。そして，後者については学校として謝罪済みである，として処理され，当該教員と教頭との謝罪が受容されないことの意義および指導方法への疑念が検討されることはなかった。

校長が終結として評価を下した非難可能性と，母親が構成した非難可能性の差異は，すぐに明らかになる。この後，母親は府教委に訴えを行い，学校に対して要望を出す。その要望に対し，学校は次のような謝罪と監視を受け入れることになる。

・本人および全体の場で当該教員が謝罪する。
・修学旅行時，教頭が当該教員を監視する。

母親が構成した体罰を学校側が全く理解できていなかったことが，この後さらに鮮明になっていく。校長，教頭は，改めて家庭訪問を余儀なくさせられる。そして，ここで，校長がはじめて追及されることになる。そのときのやりとりは以下のようなものである。まず，母親が校長を詰問する。

　母　：校長からは●月●日以降，一度も説明がなかった。校長は，この件を放置して

いた。
校長：教頭は，私の名代として●月●日，家庭を訪問し，経過説明と謝罪をさせていただいた。
母　：そのときは，教頭からもそのような説明もなかった。
教頭：教頭は，常に校長の命を受けて行動している。わざわざそのようなことは伝えなかった。

母親は，この弁明に対し返答せず，テーマを切り替える。

母　：無抵抗な子どもに対して●さんの言を借りれば，ヘッドロックをかけて，子どもをつれていく必要があったのか。他の人に危険を及ぼす状況にはなかったはずである。指導という名目で，暴力一般が是認されるのか。
校長：●教諭がお子さんの首に傷を付けたことについては，行き過ぎがあった認める（ママ）。しかし，約束したり，手を引いたりという一連の行動の中でたまたま首に手を回したものである。身体接触そのものを暴力として一律に禁止することはできないことも理解してほしい。

　校長は，結果として傷をつけたことについては行き過ぎを認めるが，母親が指導の意図については理解済みとしているため，指導方法そのものについて疑念を持たれていることに無自覚である。再度，母親は「そもそも，今日まで校長が報告にこなかったのはなぜか」と質問し，これに対して校長は，「●月●日の教頭及び●教諭から家庭訪問の結果の報告を受けて，100％とは言わないが，学校の説明をある程度は理解いただき，一件が落着したと判断したからである」旨答えている。その後，母親から要望が出される。

　①●教諭を牽制するためにも，保護者会で事実経過を説明し
　②再発防止につとめ，
　③●から●さんをはずす。〔被害生徒の指導担当から当該教員を外すことか：筆者注〕
　④子どもの指導には，担任〔当該教員ではない：筆者注〕だけがあたるようにする。

　この要望に対し，校長は，「校長の権限でできることについては，すべて実行させていただく」と回答している。記録によれば，これらの内容はほぼ実現されている。ここで校長の権限が出されているのは，この話し合いの中で，母親が「指導だけですむ問題なのか，処分はできないのか」「警察の●さんに相談している。校長が処分できないというなら，被害届を出すこともある」とし

て，処分に言及していることにも対応している。

　母親によって，「いくら謝っても許されるものではない」という謝罪を許容しない言明には，主として当該教員に対するサンクションと，当該教員による直接的な指導を禁じる内容が含まれていた。しかし，当該教員と教頭の謝罪および説明が何ら事態を収束させず，加えて，校長による一方的な終結判断がなされたことにより，府教委という権力資源に向けられた新たな伝達を介して校長への非難可能性の拡張が行われ，母親の要求の実現が図られたといえる。

2　市教委という機能

　第二に，非難可能性が市教委にも及んだケース15-③を取り上げる。これは，教員が短期間に3回体罰に及んでいたことがその要素となっている。事案の概要は，次のとおりである。

> 当該生徒は，筆記用具の貸し借りの行き違いから，同級生男子生徒に暴言を吐いた。その行為を注意していた●教諭に対しても暴言を吐き，自分の●を壁にぶつけて教室を出て行こうとした。●教諭は，当該生徒を阻止するために上着の襟首を掴み机の方に押し付けた。当該生徒は，●教諭に殴られると思い，●教諭の腹部を殴った。それに腹を立てた●教諭は，右手握り拳で当該生徒の左こめかみあたりを殴打し，●と●を負わせた。●頃，教頭と●教諭が家庭訪問を行い事象の説明と謝罪を行ったが，母親は「自己弁護のことばとしか聞こえない」と言った。

　校長は教育委員会に連絡を行い，教育委員会は，文書による事件概要報告など6点を指示する。これを受けて，学校では職員朝礼で全職員に事象が報告さ

---

59)「権力資源としての法」および「法の動員」については，阿部昌樹『ローカルな法秩序』勁草書房，2003年，21-33頁。
60) 指示内容は，①文書にて事件の概要を記し報告すること②今回の事件を学校として重大なこととして真摯に受け止めること。③緊急職員会議を開いて今までの指導のあり方について学校体制として暴力を認めたりそれに頼ったりするような雰囲気はなかったか，総括を行うこと④生徒・保護者との信頼関係の確立に向けて今後の指導のあり方についての共通理解を教職員間で図ること⑤当該の保護者・生徒に最大限の誠意をもって接すること⑥当該教員に今回の事件についての顛末書等をかかせること，である。

第5章 構　成

れ，校長・教頭・当該教員が当該生徒宅を家庭訪問し謝罪する。その後，緊急の職員会議が開催され，当該教員より全職員に経過報告が行われる。

　家庭を訪問した校長に対し，母親から生徒の欠席に関わる授業の保障体制についての要求がまず出される。その後，保護者から配達証明つきの質問状が学校に届く。質問状は5点あるが，その要点のみを示す。

　　①．（過去に）教諭は体罰事件を起こしていると校長は言っているが教育委員会に報告しているのか②報告されたなら何故体罰を防止できなかったのか③体罰は法律で禁止されているにも関わらず繰り返されたことにどのような責任を負うのか④教師集団の取り組みと校長としてどのような指導的役割を果たしているのか⑤今回の事件では，「責任を持って」教師が補習授業すると言ったにも関わらず，実際には「友達にコピーを取らせて貰いテスト勉強するように」と言われた。また，個人面談キャンセルの連絡も伝えられておらず，教師間の連携も十分でない印象を持った。本当にこの体罰事件を貴殿は学校全体で解決すべき問題としてとらえられているのか。

というものである。

　市教委が，これを受け，校長と当該教諭を呼び，事情聴取および指導を行う。とくに校長には，「●教諭の勤務姿勢及び生徒指導のあり方について，十分観察と指導を繰り返し，経過を教育委員会に報告すること」をはじめとする4点を指導し，他方，当該教員には，「深く反省するとともに，以後体罰を絶対に行わないこと」「自分の生徒指導のあり方及び学習指導のあり方等について振り返り反省文を教育委員会に提出すること」とした。

　学校側は，保護者から出された質問状に回答する。

　①9／20，10／9付けで報告した②教諭の体罰に対する認識の甘さ，本人の性格が，前提にあるとは思うが，体罰を行ってしまう状況を作り出した，学校・学年の生徒指導体制の弱さが根源にあったと考えている③体罰による生徒指導の根絶のための研修の実施④法を逸脱するような行動が行われていないかを点検指導する⑤今回体罰事件については，保護者ならびに●君本人には大変済まない取り返しのつかない行為を行ってしまったことを校長として深くお詫び申し上げる。今回の事件が起きた際に，今後，このような体罰事象を二度と生起させないため，校長召集のもと，生徒指導対策会議を発足させ，そこで話し合われた内容を基に，全教職職員に5回に渡り指導の徹底を行った。●中学校として今回の体罰事件を学校全体の問題として捕らえ，市教育委員会とも連携しながら，今後，学校の生徒指導体制の立て直しに，全力を尽くし，

63

子供たちが生き生きと生活できる学校づくりに取り組んでまいりたいと考えている，という内容である（①〜⑤の実際の内容は，さまざまなことが記載されているが，保護者の質問に直接関わると思われる部分のみを取り出した）。
　この学校の回答後，配達証明つき質問状が市教委に届く。質問事項（要旨）は，

　①校長は前回の二事件について市教育委員会に報告されたとしているが，教育委員会はそれを受けてどのような対応，指導を行ったのか②市教育委員会が明確な体罰防止策を指示していたとするならば，今回の暴行事件が防げなかった原因はどのような理由であると考えるのか③３度も同一の教諭によって引き起こされたことは，保護者として看過できるものではない。教育委員会としては監督機関としてどのように貴職の監督責任を果たすのか，

という内容である。
　この時点で，体罰を構成する非難可能性は，校長に対する追及から，教育委員会へと向けられたことになる。ところで，なぜ保護者が，市教委に対する伝達を行ったのかについて，保護者は市教委との話し合いの中で，「学校との話で，市教委へは言わないでほしいというようなニュアンスにとれたので，すぐに市教委にいった（郵送した）」と，述べている。非難可能性の拡張を断念することを求められたとの理解が，逆に，非難可能性の拡張をもたらすものとなっている。これに対して市教委は校長を呼び，その後の経過等の事情聴取を行う。その中で，母親から，他の保護者からも学校不信が起こっている，当該教諭の処罰は決まったのか，治療費はどうなるのか等の考えや質問があったことが明らかにされている。その後，市教委は母親と話し合いを持つ。保護者からは，テープ録音の申し出がある。保護者の発言内容は多岐に渡っているが，項目的にあげると以下のようなことになる。

　①体罰に至る生徒間のトラブルの事実関係を明確にして欲しい。子どもに確認して欲しかったが，曖昧になっている。（子どもは，シャープペンシルを手渡しで貸してもらったのに，相手の生徒が勝手に取ったという主張をもとにドロボウ呼ばわりされ，その後のやり取りに発展し教諭の体罰に至っている点）②体罰以外に日常のやり取りの中での不満，不信を感じる。（略）③体罰が３回連続したことの問題点④保護者の願い。

第5章　構　成

　このやりとりの中で，教育委員会は，「学校の対応や市教委の対応次第で，今後の展開は変わるかも」との感想を書き留めている。そして，市教委より保護者に対して，同じ教員が短期間に3回も体罰事件を起こしていることは許されないことで重く見なければならない，校長も含め●教諭については教職員課へ報告し府教委とも相談しながら進めたい，本人からの反省文を出してもらう予定になっており再度本人への指導もしていきたいとの姿勢が示されることになる。ここで，市教委がはじめてサンクションについて言及することになる。

　以上のように，本事案の特徴は，保護者が責任追及にあたって配達証明やテープ録音などの記録性を重視して立証に備えていること，ケース5とは異なり，校長だけではなく，教育委員会に対しても非難可能性が拡張され，そこでは伝達だけではなく明らかな相互作用が見られることである。これらは，母親の意図を市教委が理解し受け止めたことによって実現されたものといえる。

3　PTAという機能

　最後に，非難可能性の拡張に介在する機能としてのPTAについて考察する[61]。PTAという団体は，制度上は社会教育団体であり，学校教育とは区分されている。メンバーは，保護者と教職員であり，役員の資格要件はともかくとして，総会の権利等は同一の資格を有するものとされている。規約による組織と会費によって独立した事業を営み，学校と協力しつつも，教育の中立性や学校運営や教職員の人事などへの不介入が規定されていることが通例である[62]。しかしながら，さまざまな学校をめぐる事件や事故においては，PTAは独立した社会教育団体としてではなく，保護者の代表という機能を付与されて現出することが認められる[63]。学校の危機管理で紹介した山梨県総合教育センターの「学校の危機管理」においては，体罰事案に関するPTAへの対応について，次の

---

61) 断るまでもなく，PTAが体罰を論議すること自体ではなく，個別事案への関与（とりわけ人事）のあり方について問題提起している。体罰事象では，保護者や関係者がPTAの活動の場や組織を通じて問題を提起することは当然にも想定できる。こうした場合，学校の児童生徒および保護者に対する責任とPTAという任意団体で果たすべき役割を明確に区別して問題の解決を図る必要がある。

ように記述されている。「学校の対応3：PTA総会を開き，事件の報告と謝罪，体罰の根絶にとりくむ考えを表明して信頼回復に努める」。ここでは，〈学校の対応3〉は，最終段階とされている。事件発生からその後の報告・対応ではPTAに関する記述はない。最終段階で着目されたPTA総会は，その場での報告・謝罪という作用を通じて，学校に対する信頼への回帰を促すという象徴的機能に重点がおかれているものと思われる（ただし，この事例からは，その必然性が帰結されるわけではない）。したがって，最終段階の謝罪と報告については，学校運営や教職員人事などへの不介入原則との抵触が生じる恐れは少ない。実務事例は，そうした懸念が解消された時点で開催されることが想定されているのであろう。しかし，これはあくまでマニュアルである。実際のケースでは，事案の過程へのPTAの現出は多様であり，主導的な機能としても観察されうる。伝達のありようは次のとおりである（数字はケース番号）。

62) 日本PTA全国協議会の綱領では，「本会は教育を本旨とする民主的団体であり，不偏不党・自主独立の性格を堅持し，PTAの健全な発展の維持，並びに青少年の幸福な成長を図ることを目的とする」ことを規定しており，基本方針の中で体罰には直接触れていないが「深刻ないじめ・不登校・児童虐待問題等への対応について，関係諸機関・団体等との連携のもとに，その根絶に向け，各会員に趣旨の徹底を図ると同時に，人権・いのちの尊さを強く訴えていく」としている。

大阪府PTA協議会会則は「第5条 本会は，次の方針に基づいて活動する」とし，「（1）非営利的，非宗教的，非政党的である。（2）社会教育団体として自主独立し，他の団体から支配，統制又は，干渉を受けない。（3）教育行政に不当に関与しない。（以下略）」と定めている。各学校で組織される単位PTAの規約では，例えば筆者が元勤務していた府内の小学校では，「基本方針第3条5．教職員・校長及び教育委員会委員等と教育の問題について討議し，また，その活動を助けるために意見を具申し参考資料を提供しますが，直接に学校の管理運営や教員の人事に干渉するものではありません」（門真市立大和田小学校）という規定が見られる。

63) この点，札幌市立学校体罰事故調査委員会設置要綱（平成.16．4．14）は，委員会の構成として，校長会が推薦する者，市PTA協議会が推選する者，第三者委員（校長会および市PTA協議会が協議のうえ推選する者）を定めている。三者構成の内，PTA協議会は保護者の代表としての取扱いが行われているものと思われる。これは，調査に当たっての公平性が考慮されてのことであろう。だだし，札幌市PTA協議会の役員・監事・理事を見ると，平成17-18年度の役員として，副会長に中学校長会，小学校校長会，幼稚園長会の代表者が名を連ねており，組織原則からすれば，学校の意見が反映される構造となっており，設置要綱にもこれらの規定との関係は触れられていない。筆者は，調査委員会については，利害代表的構成ではなく，専門性を要件と考えているが，このことについては後述する。

第5章 構　成

・ＰＴＡ会長への報告―4．5．20．23．27．29（含む副会長）
・保護者としてＰＴＡ会長による当該教諭への指導―11
・ＰＴＡ常任委員会で報告・謝罪―15
・ＰＴＡ役員会で当該教諭が「ビンタをした」という話が出される。教育委員会から，ＰＴＡ役員等にも伝え早期の対応が必要であることが学校への指導事項として示される―24
・ＰＴＡ役員来校，今回の事件と１年時の苦情
・ＰＴＡ実行委員会で校長から説明，ＰＴＡ役員会で校長から説明，ＰＴＡ総会の開催―31
・ＰＴＡ役員会を緊急開催，校長より説明・謝罪―33
・校長がＰＴＡ会長に体罰事案と児童Ｄの診断結果について電話―37
・ＰＴＡ役員から教頭に連絡が入って知る―38
・ＰＴＡ会長と校長が会談，町教委は教頭より，ＰＴＡ役員の中で本件が問題化されそうであることの報告を聞く。ＰＴＡへの説明を十分行うように指示。ＰＴＡ関係会議開催―39
・ＰＴＡ役員会を開き事件の概要と今後の再発防止，学校の対応について説明―46
・ＰＴＡ役員や運営委員会に報告―47
・校長より，ＰＴＡ運営委員への謝罪―50-②
・ＰＴＡ役員と１年学級委員に事情を説明する―58。
　＊ただし，ケース23では，保護者から被害者のプライバシーについての配慮不足が指摘されている。

　事案へのＰＴＡの参入は，小学校（６件），中学校（11件），養護学校（１件）であり，高校では見当たらない。各学校の件数との比較では，小学校(31.5%)，中学校（44%），高校（０%），養護学校（25%）となる。これらの数値は，あくまで文書に表れたものだけに基づいているが，中学校の場合，事案が学年単位で伝達が行われていることが多いこと，当該学年の生徒に関する重要関心事案については学年保護者への伝達は不可欠であり，このことをふまえ，全体の保護者への伝達が諮られる傾向にある。高校では学区制がとられており，校区という地域に密着した概念はなく，義務制に比して日常的な活動の相違もあり，ＰＴＡが保護者の代表として即時に対応することは困難が予想される一方，事案を処理していく学校の組織的機能は小・中学校より高いことが推測される[64]。そうした実情から，ＰＴＡの事案に対処する機能の必要性を比較的低減ならし

めているのではないかと思われる。

　ＰＴＡの機能の大半は，説明と謝罪という伝達の対象としてである。しかし，中には教員を指導するという位置づけ（ケース11），ＰＴＡが苦情という伝達を行っているもの（ケース31）など，事案への主導的な機能が散見される。また，教育委員会が学校に対してＰＴＡへの伝達を指示しているケースもある（ケース24．39）。

　ここでは，ケース31（小学校）を検討の俎上に載せる。その目的は，学級担任交代に果たしたＰＴＡの機能である。処分説明書によれば，「体罰を行ったことについて学校長への報告や保護者に対する連絡を怠った。また，その後の保護者に対する説明や謝罪は不十分なものであった」とされている。この保護者との関係においてＰＴＡが参入するが，詳しく時系列に関係者の動向を並べて整理した（[資料4] ケース31　ＰＴＡの機能）。ここでは，決定に至る流れと要点の把握をめざす。

　①　ＰＴＡ役員が当初から苦情に2回参加する（a）。これを受けて，校長が市教委で事情説明，指導を受ける（A）。臨時学級懇談会（市教委の指導の範疇に入るものと見られる）で，「担任交代」を含む要求が出される（b）。校長・会長が窓口となって対応することになる（B）。校長と並んで対応の窓口とな

――――――――――
64）高校では，生活指導部が聞き取りを行ったり，謝罪に生活指導部長や学年主任が参加したりしている例がある。〔ケース1他，懲戒等処分に当たらなかったケースの中に1件〕
65）参考までに，小学校教員の担任解除命令が行政事件訴訟として争われた裁判例として，広島高判平成2・9・13行裁例集41巻9号1456頁，労判572号85頁。
　これは，「主任制度の法制化」をめぐる反対運動の過程で保護者から担任解除要求等が校長・教育委員会に出され，それらの対応として校長による担任解除命令，県教委による懲戒処分（停職）・研修命令が出されたことに対して争われたもの。担任解除命令については，これが個人の法律上の地位または利益に直接影響を及ぼすような性質を有しないとして，抗告訴訟による取消請求を却下された。教諭の具体的な職務内容は校長が発する職務命令によってはじめて定まるもので，教諭は特定の学級を担任することを法的に保障された地位にあるものではなく，またこれを請求する権利も有していない，とする。
　判決では，（担任の）選任手続に関する法令もないことを指摘しているが，このことは校長の校務掌理権（学校教育法第37条第4項）としての担任の選任（解除）が文字通りの自由裁量性を保障されているものではなく，参入する要素との相互作用の結果として行使されるという形態をとることを観察するのがここでの目的である。

第5章 構　成

るケースは他では確認されない。ここまでの経過では，ＰＴＡ役員や会長が何らかの手続に基づいて参入しているという記述はない。にもかかわらず，この時点で事実上ＰＴＡとして，事案に対処していくことが決定されているように思われる。

②　ＰＴＡ役員の返答として，「担任交代しかない」（ｃ），ということが記述されているが，これに対する学校側の考えは示されていない。ただし，これ以降，市教委から府教委へ電話で報告（C-1），市教委が府教委で事情説明・指導を受ける（C-2）。

③　ＰＴＡ実行委員会が開催され，校長から説明される（ｄ）（説明の内容は記述なし）。校長は市教委に連絡する（D-1）が，保護者が府教委にメールを入れたことから府教委が市教委に連絡（D-2），校長は市教委に呼ばれ指導を受ける（D-3）。そして，府教委が市教委に出向き，教育長から報告を受けることになる（D-4）。以上の経過から，ＰＴＡ実行委員会の校長の説明をめぐって，市教委が学校を指導するだけでなく，その市教委が府教委の指導を受ける事態に発展していることが分かる。

④　この後，市教委の校長に対する指示内容は記述がない。しかし，職員会議では，「担任交代について」論議されている（ｅ）。職員会議は，臨時懇談会のあと開催されているが，そこでは，「懇談会の報告と今後の方針」とあるだけで，担任交代については記述されておらず，ここではじめて具体的な論議がなされたと見られる。学校の意思決定に市教委・府教委の関与が行われていることは明らかだが，ＰＴＡからすれば，実質的に府教委・市教委を動かして学校の決定へと導いたことになる。校長は当該教員に面談し，職員会議の報告と指導を行った後，ＰＴＡ役員会で事態の経過を説明している（ｆ）。

⑤　校長が市教委に対して報告した内容（学級懇談，ＰＴＡ総会，役員会の状況報告）の中に，期日を示して担任交代を行うことが述べられている。また，「学校の正常化に向けての決意」が校長によって示されているところからは，実質的に担任交代の実現がこの「正常化」の鍵を握っていたと思われる。

こうして，保護者とＰＴＡ役員の参入によって事実上はじまった「担任交代

69

要求」は，ＰＴＡ会長が事案の窓口となることを学校が認容するとともに，校長が説明を行ったＰＴＡ実行委員会以降に発せられた苦情メールを府教委が受け止め，ついで市教委を指導することによって，結果的に「担任交代」が学校の機関である職員会議の議題となり，ＰＴＡ役員会への説明，総会での報告への具体化が図られていくことになった。本事案で着目すべきは，手続である。ＰＴＡは，機関として「担任交代」を要求したという事実はない。ＰＴＡ役員の「担任交代しかない」という返答も，ＰＴＡとして「担任交代やむなし」という判断を伝えているとまではいえない。臨時学級懇談会は学校主催によるもので，そこでの要求は保護者からのものであり，ＰＴＡとしてのものではない。ＰＴＡ実行委員会でも校長は説明をしているが，この場で「担任交代」が求められたりした，という記述はない。ＰＴＡ役員会についても同様であり，学級懇談，ＰＴＡ総会において「担任交代」が発表されたに過ぎない，ともいえるのである。

　このように，本件におけるＰＴＡは形式としての独立性・不介入原則を保持し（機関として担任交代要求を決定することなく），実質的には，府教委・市教委を動員する保護者の代表としての機能を発揮し，学級懇談で出された要求実現の結実に決定的な役割を果たしているのである。この形式と実質の差異こそが，校長の校務掌理権を侵害することなく「担任交代」という決定に至らしめたものである。そして，学校についても本事案とＰＴＡとの関わりを決定する手続は文書から読み取ることができない。決定のないことに無自覚なまま，参入した要素による渾然一体となった相互作用によって「担任交代」が結果的に導きだされており，決定前提となる要件・要素の検討や判断に関する手続的反省の機会は文書から発見することができない。

第6章　帰　結——非難可能性の確定

　体罰はいかに帰結するのか。本章では，非難可能性の確定に関わる重要テーマとして，第一に信頼について，第二に人権侵害言説について，第三に量定判断について観察することにする。体罰の帰結については，当該教員・学校，ときには教育委員会などの謝罪とその受容を通じて子ども・保護者の信頼が回復するという形態が典型として想定される。ところで，謝罪には様式が必要とされることもあれば，謝罪が拒否されるときもある。謝罪が受容されない場合には，処分が論議されることがある。謝罪を要求する子どもや保護者が常に保護されるわけでなく，もとの非違行為との比較考量によって非難されることが認められる。こうした謝罪とその受容をめぐる非難のコミュニケーションとしての核心的テーマである信頼は，当該教員・学校・教育委員会にとって任意選択ではなく，ほぼ強制的なものである。当初，保護者から一方当事者に向けられたこのテーマは，児童生徒や保護者との関係で言及を余儀なくされることもあるが，地域社会や市民との関係で語られることもある。そして，その信頼回復

---

66) 謝罪には様式が観察される。大きくは，当事者同士の謝罪と公開謝罪に分けられるが，当事者同士の場合でも，生徒が非違行為を謝り，教員も謝るという双方謝罪もあれば，教員のみの場合もある。また，第三者としての教員などを媒介にした謝罪，公開謝罪など，サンクションの要素をもつ謝罪も見られる。
67) ケース27では，保護者から生徒の非違行為の説明を求める声がある。これは，なぜ，教員が有形力の行使に及んだかの疑問を解く一部である。これに対し，学校は生徒のプライバシーを理由に，非違行為の内容を明らかにしていない。
68) 類型的には，保護者が「信頼していたが，裏切られたようで残念」と具体的信頼に言及するもの（ケース26），当該教員が「教師としての信頼を失くした」と反省するもの（ケース9），「生徒や保護者の信頼関係を損なう」とするもの（ケース10），校長が「府民の信頼をなくした」と語るもの（ケース9）等に代表される。

に向けての姿勢が宣言されたりする[69]。一般的抽象的には，教育委員会による処分理由書等で「教育公務員としてのその職の信用を著しく失墜するもの」として非難される[70]。第1節では，教育における信頼の機能について確認するとともに，信頼が不信へと移行する閾が相互作用からの跳躍と非難可能性の拡張にあること，そのもとで不信を戦略とした新たな相互作用・コミュニケーションが観察されること，信頼への回帰をめぐる困難性，保護者と一方当事者間の非難可能性の確定を観察する。

第2節では，「体罰は人権侵害である」とする言説の機能を考察するが，このテーマは保護者によって語られることはめったになく，主要には当該教員に向けられた学校・教育委員会の共通テーマである[71]。行政文書において頻出するこの言説は，学校文書において「人権尊重と信頼の回復」が対として提起されていたことに象徴されるように，体罰の帰結にあって検討を避けて通るわけにはいかない。大阪府教委の定義によれば，「体罰は法的に禁じられているばかりでなく，児童生徒の人権を著しく侵害する行為であり，いかなる場合においても絶対に許されないことである」ということになる[72]。この基本的観点から，体罰は「職員の綱紀の保持」[73]や「府立学校における校務のチェックポイント」（以下チェックポイント）[74]において指示事項として語られる。行政文書の具体的

---

69) たとえば，「家庭・地域社会の信頼回復」「全職員一丸となって信頼回復に取り組む」(11)，「人権尊重と信頼回復」(12)(20) など。
70) この非難の根拠につき，地方公務員法第33条は，「職員は，その職務の信用を傷つけ，又は職員の職全体の不名誉となるような行為をしてはならない」と規定している。
71) 確認されたものでは，ケース3の父親の言葉として，「これからは，うちの子どもにも人を傷つける発言は二度とさせないから，先生も人権尊重の視点に立ちしっかりと指導してほしい」との記述がある。
72) 府立学校に対する指示事項（平成14-18）　同旨：市町村教育委員会に対する要望事項（平成14-18）「体罰は法的に禁じられているばかりでなく，児童・生徒の人権を著しく侵害する行為であり，いかなる場合においても絶対に許されないことである。府教育委員会が策定した『体罰防止マニュアル』（府教育委員会ホームページに掲載）を活用しながら，児童・生徒の人権に配慮した生徒指導を確立すること」。
73) 職員の綱紀の保持について（各年度6・12月に，府立学校長への通達，各市町村教育委員会へ通知）教職員によるセクシャル・ハラスメント，体罰等の根絶に向けた取り組みを行うこと。

第6章 帰　結

分析の前提としては，この「チェックポイント」と「体罰防止マニュアル」（以下防止マニュアル）が重要である。「チェックポイント」は，府教委の教職員懲戒基準における体罰処理の独自性・相対性を示し，「防止マニュアル」は，人権の根拠として子どもの権利条約による児童虐待や体罰防止のための締約国の義務をふまえたものになっている。これらの府教委の体罰の把握が実際の体罰帰結にあってどのような非難として表出されているのか，が分析の主眼である。

　第3節では，当該教員や管理職にとって懲戒処分等として帰結することになる量定判断についての考察を行う。この際，第一の信頼と第二の人権侵害言説がどのように判断に関与するのかが問題となる。関与の内実は，量定判断として示される処分等への質・量への寄与度である。この寄与度の測定をすることは，本来，児童生徒および教員の行為内容の具体性と結果における傷害の程度，保護者の主張等が余すことなく観察されること，判断基準が明確であること，具体的判断が記述されていることが必要となる。しかし，本書が分析対象とした文書は，要件事実や情状に相当する肝心の部分がスミを塗られ，そして判断基準も包括的なものとなっているために，一見，寄与度の測定は不可能事にも思われる。しかし，量定判断が合理的であるという前提をとると，懲戒処分と服務上の措置を区分する判断要素の繰入れは，一定の規則性を有しているものと解される。そこで，区分の意義との関係では，人権侵害言説では言及率に着

74）「府立学校における校務のチェックポイント（平成15-17）」§14　生徒指導について5.懲戒について　（1）体罰は法律で禁止されていること，かつ生徒の人権に関わる重大な違反行為であることを，研修等を通じて全教職員に十分理解させているか。また，どのような行為が体罰に当たるのかについて具体的に教職員を指導しているか。

75）「体罰防止マニュアル」（7　体罰は人権侵害）
　……体罰，すなわち暴力，圧迫，放置等による子どもに対する身体的・精神的苦痛を与えることは，子どもを身体的にのみならず精神的にも深く傷つけ，体罰を受けた児童生徒は，学校，教員，大人不信になっていく。また，教員の権威や権力を背景に行われた結果，力による支配を正当化する考えを子どもに植えつけることになる。なにより体罰は，一個の人格をもつ子どもに対する人権侵害である。
　　改訂マニュアル（2　体罰は人権侵害）では，文面はほぼ同様だが，教員を教職員に改めている。

目し，信頼では比較可能な限界事例を中心に据え，関連事例における判断との差異を規定する要素を抽出するという作業を行うことで，本章が目的とする相互作用を通じての非難可能性の確定という量定決定の判断構造をある程度解き明かすことができると考えられるのである。懲戒処分等に関わる信頼と人権侵害言説という二要素の機能的特定を行うことは，適正手続の意義を考察していく前提条件の最後の課題として位置づけられる。

第1節　信　　頼

　信頼は，ルーマンによれば複雑さの縮減という機能を有しているが，学校においても個別には保護者が担任の教員について信頼感を持ち，あるいはＰＴＡの役員が校長は頼りがいがある，などという評価を下していることがあったりする。しかし，もともと学校や教員に対する信頼は，大抵の場合，実体性を有しているというよりは制度的な期待に依存している。例えば，教員についていえば，教えることについての専門性を表示する教員免許状が必要とされ，かつ採用にあたっては学力・資質などの選考チェックがなされている。また，教育内容については，カリキュラムの全国的基準策定と教科書の選定などが行われている。さらに，人事・予算に関わる市町村教育委員会や都道府県教育委員会，文部科学省などの存在がある。こうした人的資源の保障機能，教育内容の水準確保機能，指導監督機能こそが保護者にとっての期待の地平を定めている。学校は，こうした制度のもとで組織的に運営され，保護者との間でさまざまな情報がやりとりされるという仕組みを作り出している。また，保護者という対象のみならず，そうした経験の広がりと累積が，例えば地域による信頼などとして語られるのである。

　こうした信頼は，保護者にとって朝登校した自分の子どもの動向が帰宅するまで1分1秒たりとも不安でならない，などと思い悩むことなしに労働や家事に勤しめるように機能している。学期という単位，学年という単位では，標準的な学力が身につくことや学校行事でわが子の姿が参観できることなどが期待

されている。担任がどの教員になるかは話題にはなっても選択が予定されていない以上，そこに過大な期待をかけることはできない。学校生活の中で，子どもに何一つトラブルが生じることはない，などと思っている保護者はいない。だが，仮に怪我をしたとしても，一定の処置ないし医療機関による治療が行われ，保護者への連絡としかるべき説明がなされるものだ，という程度には信頼が不確実性を吸収している。こうした中で生じるアクシデントと学校による対処は，むろん程度の差はあれほぼ折り込みずみなのであって，信頼の中で生じる事態にあっては，「悪いことをしたときは厳しく指導してください」などといった保護者の態度が示されて終結することも経験的には稀ではない。だが，事態の展開が期待外れに直面すると不信が醸成される契機となる。信頼と不信は構造化された二つの選択肢（二股コード：binären Codes）であり，一方の形態から他方への形態の移行を容易にする。不信は信頼の対立物であるばかりでなく，信頼の機能的等価物として，不確実性を縮減する機能を有している。これもまた，有力な機能ではある。ただし，信頼の内にある間は，情報は良好な関係を維持するように伝達されたり相互作用が行われたりするのに対して，不信は情報を遮断し伝達や相互作用・コミュニケーションそのものを拒否するに至る場合がある。このことによって，いったん不信への移行が行われると信頼への回帰はきわめて困難である。不信は非難へと結びつく。本節では，まず，この信頼をキー概念として捉え，不信への移行という閾に着目し，非難可能性の拡張や権力資源の動員要請との関わりを観察することにする。

1 戦略としての不信と非難可能性の拡張

前章において見たように，非難可能性の拡張では，校長・教育委員会へのコミュニケーションの接続が見られた。ケース5では，学校側からの伝達が欠如

---

76) 例えばケース13の保護者の言葉。
77) ニクラス・ルーマン（大庭健・正村俊之訳）『信頼』勁草書房，1990年，166頁（*Vertrauen: ein Mechanismus der Reduktion sozialer, Komplexität*, 4. Aufl. Lucius&Lucius, Stuttgart, 2000, S. 118）。

したことへの不信の醸成にはじまり,「いくら謝っても許されるものではない」として当該教員と教頭との謝罪を受容しなかったこと,「曲が終わるまで待つ方法があったはずだ」との指導方法への疑念を表明したことの二点に対して,校長による一方的な終結判断が行われたことが教育委員会への接続を促した。不信への移行の決定は,母親が学校とのやりとりを跳越し,府教委への伝達を行ったことに表徴されている。

　不信の選択は,保護者にとっての新たな戦略でもある。母親にとっては,当該教員の反省や教頭の指導の約束などが何ら実効性のあるものとして捉えられていない。その後の保護者による追及から判明するのは,当該教員に対するサンクションと生徒への安全保障が期待されていたということである。この期待外れこそが,新たな権力資源による解決を母親に選択させた動機に他ならない。こうした不信は,学校からの情報の伝達を理解するというコミュニケーションを拒絶し,期待外れを相手方に帰責するとともに,期待の実現を可能とするものへとコミュニケーションを接続していくことになる。

　一方,こうした保護者の選択は,学校にとっても期待外れである。事案は校長の終結という判断で決着済みのはずであった。しかし,その判断に誤りがあるとの事実が府教委を介して突きつけられる中で,保護者の主張は正当性を付与されるとともに措置要求が主調音となる。保護者は,不信という戦略を用いて非難可能性を校長へと拡張し,当該教員に対する実質的なサンクションとわが子に対する安全保障措置としての不信の制度化を個別に実現することに成功したのである[78]。このことによって,不信が信頼に回帰したと評することは困難である。ただし,不信が組み込まれた範囲でのみ信頼が確保されている,と限定的に解することは可能である。

---

78) 不信の制度化については,ニクラス・ルーマン『信頼』166頁（*Vertrauen:ein Mechanismus der Reduktion sozialer Komplexität*, S. 118)。「より高度な複雑性をもったシステムは,より多くの信頼を必要としていると同時に,より多くの不信をも必要としている。それゆえ,例えばコントロールというかたちで不信を制度化しなければならない」。

2 不信をめぐる相互作用と信頼への回帰

　前章で検討してきたケース15-③について非難可能性の拡張と不信への移行との関係，コミュニケーションの困難性，信頼回帰をめぐる相互作用を見てみよう。少々長いが，不信に関わる具体的内容が記述されているので引用する。母親の学校に対する不信は，市教委により学校からの報告書と当該教諭の顛末書とコピーが手渡されることで明らかにされる。

　　「うそばかり書かれている。思ってた通りだ」。
　　「今回の発端となった，シャープペンシルの件も，相手の子が貸してくれたにも関わらず報告書には「取る（盗）った」と表現してある。相手の子もうそをついてしまっていることになった。うそをつくことがどうなるのか。うそはよくないことをわからせたい。そのことを教頭に言ったのに，もう日数がたっているからわからないという。こうしたことをきっちりやっていないから不信につながるのだ」。
　　「校長は，保護者が訴えてきたことを理解していない。事実関係のことで納得できないから校長にも教頭にも何度も言ってきた」。
　　「●教諭は自己弁護ばかりで，言葉だけで本人も気づいていない」。
　　「『謝罪した』と書いてあるがすぐ謝罪はしていない。話し合いしてもらちがあかないので病院に連れて行った」。
　　「病院に行く時の対応のおかしさ（母親がバイクに乗せていくといって初めて車をだす）」。
　　「個人懇談の変更をわざわざ，学校まで行って教頭先生に伝えた。にもかかわらず，担任から，『ずっと待っていたのになぜ学校に来ないのか』といった電話があった。こんな事件が起こっているのに，どうしてこういう対応になるのか。（事件の重大さの認識と，学校の緊張感が足りない現われだ。）」
　　（顛末書に目を通して：筆者注）「……時間差があっても，こちらからも事実関係を説明しているから，もっときっちり事実を書くべきだ」。
　　「学校との話で，市教委へは言わないで欲しいようなニュアンスにとれたので，すぐに市教委に行った。（郵送した）」。
　　「治療費のことでも『学校体育健康センター』云々を校長先生は言われたが，普通は●教諭に払わせるので領収書を下さい」というべきもの。ほんとうにわかってもらっているのか。ぜんぜん違うと感じた。この校長は何を考えているのか。受けとめてくれているとは到底見えない」。
　　「こうした書類（報告書・顛末書）を見ると，（学校の姿勢を）再認識した。報告書を書き直すことも含め，校長から再度出すべきだと思う」。

「昨日，市教委に話を聞いてよかった。その時に学校とのニュアンスの違いを感じた。事実を伝えているのか疑問に思った」。
「学校と，再度話し合う気はあります」。

　母親の学校に対する不信は，「うそばかり書かれてある。思ってた通りだ」に象徴されているが，不信への決定的移行は，「学校が市教委へは言わないで欲しいようなニュアンスにとれた」ことであろう。報告書・顛末書の提示やコピーの手渡しという取扱いが行われたのは，「教育委員会の指導性も問われている。一回目，二回目の指導がどうなっていたのか。情報公開で請求されることも予想される」（校長，当該教諭への指導文書から）という認識からである。文書の提供という事実上の開示は，母親が抱く不信を具体的かつ明確な形にすることに有効性を発揮している。そして，コピーが渡されたことで，その後も検証可能な状態を保障するものとなっている。いうまでもなく，ここでは母親側に真実があるのか否か，が問題ではない。母親が指摘している事実については学校側にはそれ相当の事情が存在するであろうし，調査不足・説明不足・行き違い・とり違いなどの程度の差は，どのような事案にも起こりうることである。ただし，重要なことは，このように不信が選択されると，「今は学校の言うことなすこと，やることがマイナスに働いている（市教委による校長・当該教員への指摘）」ことになり，情報の伝達は受容されず，あるいは理解を得られることは困難になるということである。

　ところで，母親は，市教委の対応に「学校とはニュアンスの違い」を感じて，学校との再度の話し合いを肯定するに至っている。つまり，保護者の不信への移行が領域としては学校（校長）にとどまっていることが示されている。市教委に対して拡大した非難可能性は市教委への不信への移行をただちに意味するのではなく，このことを背景に，市教委という権力資源の動員を引き出すことことに繋がっている。市教委の言葉でいえば，「教育委員会の指導性も問われている（校長・当該教諭への指導）」のだ。

　ここでのやりとりが，ほぼそれ以降の帰趨を制する。母親は学校と話し合い

第 6 章 帰　結

を持ち，当該生徒の発言と報告書の相違点，および事実経過の記載ミスについて学校として再度事実確認をする確証を得る。校長による当該生徒からの聴取りが行われ，関係生徒の記録を含む正式な報告書が市教委に提出され，あわせて当該教諭から教育長宛反省文の提出も行われた。以上の処理過程をたどって，保護者は，最終的に次のような話を市教委と行っている。市教委の記述によれば，その概要は次の通りである。

・校長先生に対する不満が基本にあり，それが学校不信に繋がっている。
・保護者は，子どもが三学期を気持ちよく過ごせるような雰囲気ができることをのぞんでいる。
・本人も（今回の体罰事象云々）に触れて欲しくないという心境になっているようだ。（親から見れば）
・生徒指導の●教諭からも，●くんと話すことになっているようだが，もうしないでほしい。
・今後，本人が学校の中でレッテルを貼られるようなことだけは，ならないような配慮が欲しい。　（以下略）

この時点で，事実の究明と責任の追及の課題は基本的に収束したと見られる。ただし，ここでも不信が信頼に回帰したというわけではない。それは，「本人が学校の中でレッテルを貼られることのないような配慮」を学校に求めるのではなく，市教委に求めるという要請に示されている。母親は，学校（校長）に対する不信を受け止めてくれるであろうという期待を市教委において見出している。このことによって，不信が市教委まで拡大されることが防がれ，学校への信頼の回帰可能性が示唆されているものと見られる。

第 2 節　人権侵害言説

府教委の「チェックポイント」においては，体罰は，生徒指導について（§14)「5　懲戒について」で取り上げられている[79]。人権尊重の教育の項（§17）には，差別発言やいじめなどは取り上げられているが体罰は取り上げられていない。ここでは，児童生徒間の行為が主要な関心事となっている[80]。セクシャル・ハラスメントの防止は独立節（§19）となっており，教育委員会の関心の高さ

を思わせるものがある。このこととの関連では，2006年に策定された「教職員懲戒処分基準」において，「第2事例 2児童生徒に対するわいせつ行為 児

---

79) §14 生徒指導について 5懲戒について
　（1）体罰は法律で禁止されていること，かつ幼児児童生徒の人権に関わる重大な違反行為であることを，研修等を通じて全教職員に十分理解させているか。体罰あるいは行き過ぎた指導が行われるような指導体制がないか校内点検しているか。また，どのような行為が体罰に当たるかについて具体的に教職員を指導しているか。
　（2）児童生徒の問題行動については，本人から事情をよく聞くなど教育機関としてふさわしい方法で事実関係を十分調査しているか。その際，授業時間中に事情聴取等を行っていないか。また，懲戒処分をする場合には，指導の効果があがるよう，その方法について適切に配慮しているか。また，児童生徒に対する指導過程の記録等が十分整備されているか。
　（3）学校教育法に基づく懲戒は教育指導の一環として行われるものであること，また，児童の権利に関する条約（子どもの権利条約）の趣旨をも踏まえる必要があることについて，教職員に十分理解させているか。
　（4）問題行動を起こした関係児童生徒を帰宅させる場合，事前に保護者に連絡し，事案によっては保護者に直接引き渡すよう配慮しているか。
　（5）退学処分については，指導を積み重ね，反省を促す過程を経てなお改善の見込みがないと客観的にも認められる場合等，真にやむを得ない場合以外行わないことについて，共通理解が図られているか。
　（6）進路変更を勧めるという名のもとに退学勧告を行い，実質的な退学処分としてはいないか。
　（7）児童生徒の問題行動が犯罪を構成すると考えられる場合について，警察等の関係機関との連携が適切になされているか。
80) §17 人権尊重の教育について 3人権尊重の教育の実施について （4）万一，差別発言やいじめなどの人権侵害事象が発生した場合，差別等を受けた生徒の人権を擁護することを基本とするとともに，差別言動等を行った幼児児童生徒についても，その背景を十分分析し，人権意識の醸成に努めるよう指導，支援，心のケアを適切に行っているか。また，これらの問題を学校全体の課題として捉え，早期発見，早期対応できるよう体制が整えられているか。
81)「1．全教職員に対し，『教職員による児童・生徒に対するセクシュアル・ハラスメント防止について』及び『児童生徒に対する性的暴力を防止するために』及び『教職員による児童生徒に対するセクシュアル・ハラスメントを防止するために QA集』を活用するなどして，未然防止について周知徹底しているか。2．セクシュアル・ハラスメントの防止に向けた教職員研修を計画・実施しているか。3．未然防止に向け，学校全体としての取り組みを推進する校内組織の整備・充実に努めているか。4．定期健康診断の実施に当たっては，実施方法等の評価点検を実施しているか。5．問題となる事象が生起した場合に備えて，校内に相談窓口を設けるなど，速やかに問題の解決が図られるよう，校内体制の整備に努めているか。6．幼児児童生徒・保護者に対し府教育センターの教育相談窓口及び『被害者救済システム』の民間連携相談機関の利用について周知に努めているか」となっている。

童生徒にわいせつ行為を行った教職員は，免職とする」と規定したこととの整合性が見られる。府教委が体罰について「児童生徒の人権を著しく侵害する行為であり，いかなる場合においても絶対に許されない」としながらも，懲戒処分基準に具体的な事例の提示を行っていないという事態の中に，体罰と子どもの人権，教員の懲戒処分等との関係についての検討すべき課題が潜んでいるのではないかとの見方が成り立つ。

　一方，「体罰防止マニュアル」では，人権の根拠として「子どもの権利条約は子どもの基本的人権の保障」を挙げている。体罰に関連する条文では，条約締結国による児童虐待や体罰の防止措置（第19条第1項）を基本に，子ども自身としての尊重（第16条第1項），子どもの意見表明権（第12条第1項），障害を有する児童の権利（第23条第1項），「大人の規則から子どもの規則へ」として締約国の措置義務（第28条第2項）で締めくくられている。こうした子どもの権利条約の文脈におかれた人権侵害としての体罰が，実際の体罰の帰結にあたる行政文書によってどのように記述されているのかを具体的に観察することにする。

　「体罰事故報告書」「顛末書」等において，体罰と人権はどのように捉えられているのだろうか。まず，子どもの人権あるいは人権侵害などに言及されている内容を挙げてみた（[資料5]　人権侵害等への言及（抜粋））。人権に言及されている内容では，少々のアレンジはあるものの，ほとんどが府教委の文章の引き写しである。言及と懲戒処分等との関係は次節で詳細に検討するが，ここでは一般的な傾向の把握を行い，内容面については事例を分析することによってその特徴を示したい。

　当事者や校長等が人権侵害に言及しているケースの割合は，府立直轄学校では，府工(25%)，府高(12.5%)，府養(25%)であり，全体では，言及率は18.7%である。一方で，義務制を見ると，小学校では89.4%，中学校では88%となる。小学校の養護学級では，全体で3／3(100%)となる。市町村単位では，16／18(88.8%)に達するが，各市の状況はまちまちである。堺市では全事案で何らかの言及がある。以上のことから，人権侵害への言及割合は，学校種別で見ると，府高＜府工・府養＜中学校＜小学校の順に高く，全体として義務制が直轄

学校より高い。障害児・生徒に関わっても同様の傾向がある。市町村全体では統一対応がなく，各市においても学校間格差があることが確認される。

次に内容面についての検討に移る。大半が府教委の文章の引き写しであり，こうしたコピーからは，当事者が人権侵害についてどのような認識を有しているかは測定しがたい。ところが，特殊事例と見られるものの中には，人権侵害への自己認識が明瞭に浮かび上がるものがあり，また，典型例では府教委の方針の浸透が見られる固有領域も確認される。さらに，人権侵害との非難が行われないことによって，定義と現実との緊張関係が見出される事例もある。つまり，こうしたケースは，府教委の定義と具体的適用による非難とが，どのような連関にあるのかを解明するための格好の素材として存在しているのである。そこで，義務制のケース，障害児に対するケース，府立直轄学校のケースから素材を選び，以下，分析を進めることとする。

第一に，定義からの逸脱ケースとして，ケース41（中学校。文書訓告）を検討する。まず，校長，教頭，当該教員の指導姿勢や反省を抜き出すと次のようになる。

校長：「生徒に体罰を加えることは，法によって厳しく禁止されていることや，人権尊重の観点からも断じて許される行為ではないことを厳しく指導する」。
教頭：「日頃から，職員に対し体罰，セクシュアル・ハラスメント，飲酒運転等については，重大な人権侵害であり」，
教員：「(体罰は)人権上も，人として，教員としてあってはならない行為であるこ

---

82) 市町村単位の言及率（分母は，市町村ごとのケース数。分子は，それらのケースの内，人権侵害に言及されたケース数）。
交野市（1／1），八尾市（3／3），東大阪市（5／7），柏原市（3／3），高槻市（1／1），枚方市（2／2），門真市（3／3），守口市（2／2），大阪狭山市（1／1），岸和田市（0／1），吹田市（1／1），美原町（1／1），四条畷市（1／1），豊中市（2／2），和泉市（1／2），松原市（0／1），寝屋川市（1／1），堺市（11／11）
割合は，下線部を除いたもの。
83) 堺市の場合，府教委に内申された案件には市教委見解が付され，この内容は府教委文書とほぼ同一のものである。その冒頭部分では「体罰は児童生徒の身体を侵し，かつ，著しく人権を侵害する行為であり，絶対に許されないことを再三にわたり各校園に通知するとともに指導してきたところである」等と述べた後，教員の行為を取り上げ具体的な非難がなされている。

第6章 帰　結

とを今まで以上にかたく心に刻み」

　校長の言及はステレオタイプであるが，教頭の言及では，体罰・セクハラ・飲酒運転等は重大な人権侵害だと記述されている。セクハラを人権侵害ととらえることは誤りではないにせよ，飲酒運転等がなぜ人権侵害にあたるのか不明である。実は，このフレーズは府教委が市町村教委に通知した「教職員の綱紀の保持」で述べられた具体的事項を「重大な人権侵害」という言葉で括っているだけで，何ら人権の内実が考察されているわけではない（なお，府教委の通知文はこのような括りをしていない）。

　一方，当該教員は，「（体罰は）人権上も，人として，教員として」「あってはならない」ものと記述している。これは，当該教員が自らの行為を反省している箇所ではなく，一般的に体罰を規定した部分である。そこで，この教員が自らの行為とその反省を具体的に記述しているところを見ると次のようになっている。

　　「この度，私の至らない指導で生徒・保護者に多大なご迷惑をおかけしてしました。とても心苦しく，恥ずかしい気持ちでいっぱいです。今後は，いかなる場合でも粘り強く，おだやかな指導を心がけ二度とこのようなことがないように自分を戒め精進いたします」。

　つまり，当該教員は自らの行為を「至らない指導」と捉え，「おだやかな指導」を心がけていくことを言明しているのである。本事案への反省のあり方としての妥当性は別としても，率直な気持ちの現われと見ることはできる。一般的体罰見解における最大限の非難と，「至らない指導」や「とても心苦しく，恥ずかしい気持ちでいっぱいです」との表出とには大きな落差がある。そこで，教員の反省が真意とするならば，「体罰は……人権上も，……」と述べられている部分は，実質的には当該教員にとって内実を有していないのではないかという疑義が生じる。

　第二は，障害児に関わるケースである。

　ケース18（小学校。戒告）では，市教委が校長と当該教員に対して，「障害者に対する人権侵害にあたることを改めて認識させ，深く反省を求めるととも

に，厳しく指導した」とし，「体罰は人権尊重の精神を崩壊させるものであり」との見解を示している。市教委がこのように障害者に対する人権に言及するのは，「子どもの権利条約は障害のある子どもの権利を特に重視している」との見解と同一のものである。この取り上げ方と共通するのは，ケース26(小学校。文書訓告)であり，「本市教育委員会では，これまで人権教育に根ざした生徒指導体制の確立について学校を指導してきたところである。しかしながら，今回このような事件を招いたことは誠に遺憾であります。特に，体罰の対象になったのが，広汎性発達障害を有する児童であったことを重く受け止めている」。また，同じ養護学級事案であるケース60(小学校。文書訓告)は，子どもを診察した医師が子どもに対する虐待であり，障害のある子にするとはもっての他として，子ども家庭センターに通知されたものである。ここでは，体罰というより虐待が問題となったが，これらの経過もあり，本事案では，「養護学級経営」のあり方が見直されるに至っている。

　ここでは，府教委が，障害児・生徒についてとくに重視していることが具体的に取り上げられている。だが，疑問がないわけではない。ケース18では，なぜ「障害者に対する人権侵害」と捉えるのか，明白であるとはいえない。ここで問われているのは，子どもが障害を有するかどうか(子どもを障害/非障害に区分する)ということではなく，有形力の発動と障害(子ども自身の身体事情，行動特性，思考等)とが具体的にどう関わっているのかということではないかと思われる。[84]

　改めてその文面に眼をやると，「深く反省を求めるとともに，厳しく指導した」という主張がなされている。「深い反省」「厳しく指導」など，これまで何度も指摘してきた二分法思考「深い/深くない」「厳しい/厳しくない」である。加えて，それに続く「体罰は人権尊重の精神を崩壊させるものであり」の「精神の崩壊」という語句は，ケース41の教員の言葉に見られる言葉遣い(人として)と共通するものがある。二分法に基づいて，子どもを障害/非障害という人格に区分すること，概念規定のない人格非難の言辞の中に教員がおかれることは，事案を具体的な相互作用・コミュニケーション分析に向かわせるこ

とを困難にし，構成と帰結にかかる当事者と保護者とのやりとりを単純化する可能性があると思われる。このケースは，量定判断の分析に際して改めて取り上げることになる。

　第三に，府立直轄学校の「ホンネ」事例として，ケース45（府高。文書訓告）を検討しておこう。保護者との話し合いの場で校長が次のように述べているくだりがある。

　　「こどもには権利がありまして，本校でも，こどもの人権を守る教育というのを進めております。教育長からも，体罰だけでなくて，セクハラ等々色々指導や通達を受けています」。

ところが，一方，この校長は府教委との話し合いの中で，以下の訴えを行っている。

　　「（当該）教諭の行為は，体罰であるが，これに対して懲戒処分が下されれば，校内の多くの教員は生徒の問題行動に対して目をつぶるような状況になってしまう。自分が（当該）教諭の立場でも，手を出しているかもしれない」。

　校長は，保護者には定義を語り，府教委には具体的適用に際しての配慮を求めている。こうした状況の中で，府教委（児童生徒課）は，指導困難な生徒に対するアプローチのあり方や，生徒指導における教員の協力のあり方等について指導助言している。ここには，生徒指導の困難な状況から当該教員の懲戒処分をさせまいとする校長と，体罰事象として明確に捉えることを求めつつ，具

---

84) 当然のことながら，教員と障害児生徒との非対称的関係，その他の児童生徒の知覚・相互作用・コミュニケーションのあり方など，障害児生徒の教育の場のあり方と体罰の関係についての考察の必要性はいうまでもない。なお，本書執筆以降，府教委は「体罰防止マニュアル」（平成17.2）を平成19年11月に改訂した。改訂を促したのは，平成19年度に連続的に生起した養護学校における体罰である。「改訂にあたって」の中で，府教委は，「体罰はすべての子どもの心に深い傷を負わせるものである。とりわけ障害のある子どもは，状況によっては周囲の人たちから理解されにくく，人権侵害を受けやすい危険性がある。そのような状態にあっては，先頭に立って子どもの人権を守るべき立場にある教職員が体罰を行うことは極めて許しがたい」という基本認識を示しつつ，「しかしながら，教職員が体罰に至った状況を鑑みると，障害のある子どもの指導方法等に対する理解が十分でなかったり，校内の指導体制そのものの工夫がさらに必要な状況が推察され」るとし，障害のある子どもに対する体罰の項を大幅に加筆し，各学校における実践の再点検をする際の資料としての活用を求めている。

体的な解決のための指導助言を行う府教委の姿勢を見ることができる。これらのプロセスで，府教委が「体罰は著しい人権侵害」であり，「いかなる場合でも絶対に許されない」等といった頭ごなしの論難を加えている事実はない。もちろん，定義が棚上げされたものではなかろうが，注視すべきは，校長の要請が府教委によって実質的に受け止められていると思われる点である。

以上，第一ケースからは，学校文書における人権侵害言説が府教委文書から逸脱して表出されていること（人権概念の無内容さ）に加え，このような表出内容について学校も教育委員会（市教委・府教委）も無自覚であると見られること，第二ケースからは，障害／非障害という二分法理解や教員への人格非難によって，相互作用・コミュニケーション分析（児童生徒⇔教員）と相互作用・コミュニケーションの成立（保護者⇔教員・学校）に困難性をもたらす可能性があること，第三ケースからは，体罰が人権侵害という非難だけで覆うことによっては解決できない生徒指導の現実があることが示されたといえる。

第3節　量定判断

教育行政は，相互作用の結果として構成された体罰について，最終的な確定を行う権能を有している。それが教員に対する懲戒処分や服務上の措置である。この決定は，教育行政としては最終的判断であり，不服申立ては行政システム（具体的には人事院・人事委員会・公平委員会）がこれを引き受け，その不服申立てに対する処分への異議は，行政事件訴訟として法システムが引き受けることになる。

本節の考察の目的は，狭義には懲戒処分等へのメルクマールの発見であり，その判断要素を抽出することである。この場合，先に見た保護者による不信への移行と子どもの人権侵害という非難の言説がどのように懲戒処分等への質的・量的な面に寄与しているかを見ていく必要がある。確定の実質については，懲戒処分となるのか服務上の措置になるのかが最も重要である。懲戒処分は，身分や賃金に実質的な不利益をもたらすサンクションである。府教委の処

分に関する文書にも,「人事記録カードの記載は,処分どおりとする」として,履歴書の賞罰の記載事項とされている。この履歴書の記載事項は,恩赦でもない限り教員としての職歴に生涯つきまとうことになる。また,他の職業に移る際にも当然のこととして付随することとなる。考察の焦点は,懲戒処分と服務上の措置についての閾であり,この判断要素および相互作用のあり方である。

1 人権侵害言説と懲戒処分等との関係

 前節では内容面を分析したが,ここでは当事者や校長等が人権侵害に言及しているケースの割合に焦点を当てる。府立直轄学校全体では,言及は服務上の措置に伴うものであり,懲戒処分では言及されていない[85]。服務上の措置では,厳重注意については言及がなく,文書訓告のみにとどまる。その文書訓告についても過半数を超えない(割合は3／11)。養護学校とそれ以外の学校との顕著な違いがないことから,障害児教育との相関も見られない。次に,義務制で言及と懲戒処分等の割合を見ると,小学校では,服務上の措置について12／13 (92.3％),懲戒処分では5／6 (83.3％),中学校では,服務上の措置で17／18 (94.4％),懲戒処分で8／10 (80％) となり懲戒処分の割合が少ない[86]。小学校の養護学級の言及率は全体では3／3 (100％)であるが,服務上の措置での割合と懲戒処分での割合が同一のため,区分の意義は確認されない。以上のことから,府立直轄学校および義務制学校全体を通じて,言及と処分等の質的な相関関係は見られないという結論になる。

 そこで,次に,人権侵害言説と処分等の量的な相関を検討することにする。

---

85) 言及率の内訳は,以下のとおり。
　府工:文書訓告1／2　厳重注意0／1　停職3月0／1
　府高:文書訓告1／6　減給1月0／1　戒告0／1
　府養:文書訓告1／3　厳重注意0／2
86) 義務制の言及率。
　小学校:文書訓告10／11（内:養護2／2）　厳重注意1／1　不明1／1,
　　　　戒告2／2（内:養護1／1）減給1月2／3,減給3月1／1
　中学校:文書訓告14／15　厳重注意2／2　不明1／1
　　　　戒告1／1　減給1月2／3　減給2月1／1　停職2月1／1,停職3月3／4

2001年から2005年までの期間で，言及数と服務上の措置数および懲戒処分数を見てみると，2003年度を頂点にして言及数は上昇し，その後下降している。これに対応して，服務上の措置は同様の傾向を示しているが，懲戒処分数は2003年以降横ばいで影響が認められない。懲戒処分等の合計は，言及数と同様の傾向を示していることが分かる[87]。このこととの関連では，「はじめに」で述べた全国的な懲戒処分等の状況を改めて確認しておかねばならない。ここ10年の体罰発生件数に対する処分等の比率は遙増傾向にあり，さらに処分等に占める懲戒処分の比率も増加してしてきている[88]。全国的な懲戒処分等の遙増と懲戒処分

[87)

	2001	2002	2003	2004	2005
言及数	2(1)	9(8)	15(15)	14(13)	5(5)
服務上数	2(0)	11(6)	15(12)	12(10)	5(3)
懲戒処分数	1(1)	3(2)	5(4)	5(4)	5(5)
処分等合計	3(1)	14(8)	20(16)	17(14)	10(8)

(カッコ内は義務制)

88)〈体罰に係る懲戒処分等の状況〉

年度	免職	停職	減給	戒告	小計	訓告者等	諭旨免職	総計
1993(平成5)		4	16	45	65	193		258
1996(平成8)		8	34	68	110	297		407
2000(平成12)	1	7	56	68	132	295	1	428
2001(平成13)		15	56	54	125	299		424
2002(平成14)		18	63	56	137	313		451
2003(平成15)	1	21	71	80	173	320	1	494
2004(平成16)		20	66	57	143	277		420

〈発生件数〉

年度	1993	1996	2000	2001	2002	2003	2004
発生件数	780	1008	944	955	954	938	883
懲戒処分等の比率	33.0%	40.3%	45.3%	44.3%	47.2%	52.6%	47.5%

総計に対する懲戒処分の比率の動向は，以下のとおり。
1993 (25.1%), 1996 (27.0%), 2000 (30.8%), 2001 (29.4%), 2002 (30.3%), 2003 (35.0%), 2004 (34.0%)

第6章　帰　結

比率の増加に寄与していると思われるのが,「子どもの権利条約批准」との関わりであり, 政府の国際的な約束ごとだと思われる。これらを法曹の動向[89], ならびに文部科学省の動向[90]についてみると, 両者のベクトルは教員の懲戒処分等において一致している。文部科学省(当時の文部省)によれば, 1980年から1991年までの12年間で懲戒処分を受けた教師の数を434名としており, これは年平均36人となる。この数値から見ると, 今日の懲戒処分数は平均値で大幅な増加となっていることが分かる。このことから, 子どもの権利条約の批准を契機にして, 国際的な公約の一環として「教員に対する職務規則の遵守要請とこの規則に反した厳格な対処」を打ち出した文部科学省の姿勢のもとで, 懲戒処分を含む懲戒処分等が全国的な増加を示してきたと推定することが可能である。マ

---

89) 法曹の動向では, 第2回日本政府報告に関する日本弁護士会の報告書(2003.5)によれば, ここでの日弁連の主張は以下の通りとなっている。教育, 余暇及び文化活動(第28条, 第29条, 第31条)
……B　体罰１．体罰が減少傾向を示していない現状に鑑み, 学校・教師・保護者・地域に依然として残る体罰容認の意識を無くすための子どもの権利に関する啓蒙活動のみならず, 体罰を用いずに行う教育活動の在り方についての研修や, 教職員仲間において体罰を未然に防止する実践を開発実施すべきである。２．発生してしまった体罰被害を申告し救済を求めうる公的制度を創設し, 申告された体罰に関する自己情報の開示を求め, 訂正することとすべきである。３．体罰を行った教師への懲戒処分, 刑事処分を行い, 民事責任を負わせるべき具体的方策を策定すべきである。

90) 政府の答弁は国際人権規約委員会第49会期の記録, 日本弁護士会編著『ジュネーブ1993世界に問われた日本の人権』こうち書房発行(発売桐書房), 1994年, (39) 体罰問題を参照。生徒に対する教師による体罰に関する質問があり, 以下のように回答しました。「学校教育法」により, 教師が生徒・学生に体罰を行うことは厳格に禁止されています。これは学校教育法第11条に規定されています。しかし, 毎年, この種のケースが少なからず存在していることは非常に残念です。体罰による懲罰は, 教師と生徒の間の信頼関係を壊す原因となり得ます。また, 教育効果もまったく期待することができません。したがって, 文部省は, 数次にわたり指針を明らかにし, またさまざまな会議で指導を行うことにより, 体罰の禁止が完全に理解されることに重点を置いてきました。文部省は, また, あらゆる機会をとらえて, 体罰が皆無になるまでその指導努力を継続する意志を有しています。1979年にこの規約を批准したのち, 体罰を理由に懲戒手続を受けた教師の数は, 1980年から1991年までの12年間において434人となっています。文部省は, 教育委員会に, 教師の職務規則を遵守するよう要請してきました。これらの規則に反した教師に対して, 文部省は厳格な対処をし, 二度と当該の問題を発生させないように自己の行為を反省するよう求めています。文部省は, 今後とも, 体罰のような違法行為を繰り返さないため, 職務規則に従うよう, 教員に対する指導を続けていく予定です。

スコミにおける体罰と子どもの権利・子どもの人権についての報道の変化もその傍証の一つとすることが可能であろう[91]。

こうした全国的動向のもとに府教委もおかれてきたこと，子どもの権利条約の枠組みによって体罰を子どもの人権侵害として強調してきたことからは，府教委データの言説率と懲戒処分等の量的関係はそれらの動向の反映であるということになる。もっとも，全国的な言及率のデータが確認されているわけではない。しかし，文書に見られる言説の採用が文部科学省の国際公約の転写であり，具体的表出であると考えるならば，他地域と比較することなく言説率と懲戒処分等の量的相関を説明しうると思われる。

---

91) 参考までに「戦後50年朝日新聞データベース CD-HIASK」による，「体罰」「子どもの権利」「子どもの人権」という語句検索による記事の変動を示しておく。なお，1945-95までは「見出し」に関して，1996以降は記事も含む。権利・人権については記事重複がある。日本による子どもの権利条約批准は1994年。

年度	体罰	子どもの権利	子どもの人権	備考
1945, 1—59, 12	8	0	0	
60, 1—69, 12	11	5	0	
70, 1—79, 12	41	0	0	
80, 1—89, 12	164	4	12	
90, 1—95, 12	127	65	3	
1996	204	79	(79)	権利・人権同義
1997	108	54	(54)	同上
1998	114	54	(54)	同上
1999	93	63	28	
2000	139	73	16	
2001	81	41	19	
2002	57	38	16	
2003	62	42	21	
2004	50	43	18	
2005	74	30	10	

2 信頼と懲戒処分等との関係

人権侵害言説は，懲戒処分と服務上の措置とを区分する機能を有していないことが明らかとなった。そこで，次に信頼に着目し，懲戒処分等とどのように関わっているのかを考察したい。ただし，いきなり信頼を抽出して論議することはできない。そのため，まず，量定判断における客観的要素として当該教員（同席等の教員除く）の処分と児童生徒の怪我との関係に着目し，記述を以下の表にまとめた。

	怪我の記述あり	怪我の記述なし	体罰歴
文書訓告	1 (●の傷害), 2 (加療約●間を有する傷害), 6 (●手首付近の●骨折), 15③ (●と●を負わせた), 16 (左足首を●した), 23 (眉毛の端の箇所が青くなった), 25 (●針縫合), 29 (右前歯●その横の歯●), 32 (右目まぶた●箇所の●, 後頭部上方と右側頭部に●), 34 (全治●の傷害), 41 (●等の負傷), 42 (●針縫合する傷害), 44 (両手後ろ側に●を負った), 45 (唇が●), 49 (●した), 52 (唇が●傷害を負った), 53 (足の付け根に●が見えた), 60 (痣ができた)	8, 14, 15①②, 17, 19, 22, 24, 26, 28, 35, 36, 37, 38, 43, 50①, 1・2, 50②, 50③1・2, 51, 57.	
厳重注意（口頭）	5 (左右の首筋に●程度の擦り傷), 13 (尻や背中に●)	7, 30, 33	
不明	4 (左肘部●と頚椎●の傷害), 10 (鼻骨骨折)		ケース10 (平成7.9.28文書訓告)
戒告	18 (歯が●する傷害を負わせた), 21② (口の中を切る傷害)	11, 20（2名の児童への殴打，蹴り）, 21①③	ケース11（平成12年に校長より指導，14年にも体罰）
			ケース21（平成10年文書訓告）

91

減給1月	3（全治●間の●を負わせた） 9（①左親指●骨折，②全治●の傷害，③膝に擦り傷） 12（頭蓋骨にひびが入る等の傷害） 31（●の傷害），40（●の傷害）， 54（頭部●の傷害を負い，学業に支障），55（●……学業に支障を来たした。		ケース55（以前に体罰を4回行っている）
減給2月		59（殴打と暴言）	
減給3月	39（●の傷害），		ケース39（昭和59年，体罰で減給1月）
停職2月		58（男3女3への殴打）	
停職3月	27（入院加療，通院加療を要する傷害） 46（上部前歯●及び下唇内側●の傷害を負い学業に支障） 56（●及び●の傷害ならびに●の精神的障害を負い，学業に支障を来たした。	47（殴打，暴言，校長への暴言），48	ケース48（体罰のほかの事由も付加されている。） ケース56（平成16年に文書訓告）

　ただし，ここでは，怪我の詳細はスミ塗りによって具体的程度が不明である。逆説的には，それぞれの区分において，ある程度の仕分けがなされているという推定からはじめるべきであろう。量定の決定に関しては，2006年4月以前は，明文化された教職員懲戒処分基準がなかったとはいえ，運用上の判断基準は存在していたはずである。実質的な運用基準は，制定化されたものとさほど異なるものではないという想定にたって，[92] 客観的に観察可能なものに着目しながら考察を進めることにする。

　まず，文書訓告と厳重注意（口頭）の差異を見てみると，怪我をしていないケースでも文書訓告となっているものがあり，一方，怪我をしているケースで

---

[92] 今回の基準策定でも具体的規定がなされなかったこと，もともと地方公務員の懲戒処分基準については，人事院規則22-1（倫理法又は命令に違反した場合の懲戒処分の基準）が準用されている事実がある。

も厳重注意（口頭）となっているものがある。厳重注意（口頭）の怪我は治療の必要性のないものと思われ，この点で怪我の有無は判断を画するものとはなっていない。この点では，二つの判断を分けているものを明確にすることは困難である。教員の行為の目的と態様では，厳重注意（口頭）になっているものでは，教員の行為が指導の具体的な過程にあることや，文書訓告のケースに比すれば殴打等が軽微である（ケース5は殴打なし）ことはうかがえるが，決定的な理由とまでは断言できない。

　次に，懲戒処分と服務上の措置との差異について検討する。減給以上の処分では，傷害の度合いが相対的に高いこと（骨折，入院加療ケース27，学業への支障ケース46，56），複数人に殴打等を加えていること（ケース58），殴打に暴言が付加されていること（ケース47，59），体罰の前歴（ケース55）および処分等歴（ケース39，56），体罰の他の事由の付加（ケース48）があることが分かる。ここでは，減給以上の処分のそれぞれの妥当性を検討することはしない。重要なことは，懲戒処分としての戒告と服務上の措置（文書訓告等）を画する要素の検討である。

　戒告は，4ケース（ケース11，18，20，21）である。これらの内容では，怪我あり（ケース18，21②），怪我なし（ケース11，20，21①③）であり，複数人への殴打および体罰歴・処分等歴（ケース11，21）となっている。文書訓告等でも怪我ありが存在することから，怪我なしケース（ケース11，20，21①③）を除外し，加えて量定が加重されていると見られるケース（ケース11，21）を除外すれば，残るのはケース18である。このケース18を中心にしながら，量定判断のあり方を考察する。量定判断の検討には，処分説明書等の文面を基本におき，事故報告書において記述されている要素を考慮していく。

　まず，文面では，「<u>どうしても座ろうとしないしない男子生徒を力ずくで押さえつけ，顔面から机に打ちつけて傷害を負わせたあなたの行為</u>」と認定されている。傷害の詳しい内容は不明だが前歯の損傷に関わるものであり，当該児童は障害児である。そこで，まず，障害児・生徒について怪我ありで文書訓告となったケース6との比較を行い，判断要素がどう異なるのかを検討する。

ケース6の文面では,「同男子生徒が再び他の生徒を突き飛ばしたため,あなたは,同男子生徒の行動を制止しようと咄嗟に後ろから同男子生徒の左手首を掴み,後ろ手に内側に折り曲げるようにねじった」としている。生徒の非違行為の対比をすると,ケース6は他生徒を突き飛ばすという危険行為を繰り返しているが,ケース18は児童が雑巾の投げあいをし,それを教員が取り上げたところ声を出して何度も席から立ち上がろうとしたもので,この行為自体は他者に対する危険行為ではない。そこで,生徒の危険行為という性質から判断して教員が児童・生徒の行為に対して緊急的に制動を求められるのはケース6である。この点では教員がただちに制動のため左手首を摑んだところまでは正当な業務だと考えられる。しかし,その手首を後ろ手に内側に折り曲げるようにねじった行為は,生徒の動きを止めるだけでなく不必要な痛みを与える行為である（教員も懲らしめる気持ちがあったかもしれない,と述べている）。一方,ケース18の場合も,他者に対する危険行為ではないが,声を出し席から立ち上がろうとする行為は,児童の自傷行為につながりかねず,当然に授業遂行の上からも制動は当然のことである。問題はその態様であり,力ずくで押さえつけ,顔面から机に打ちつけた行為自体は危険行為そのものである。そうすると,ケース6に比してケース18の教員の非違行為の度合いが高いことは疑いがない。

　次に,結果では,ケース18では傷害（前歯損傷）を生じさせたことが非難されているが,ケース6では結果について論及していない。ところが,ケース6の生徒は,事故報告書によれば手首付近を骨折していることが明らかとなっている。にもかかわらず,文面ではその事実はなぜか記載されておらず非難の要素となっていない。ここでの判断は,無論,刑法上の暴行や傷害の構成要件,および故意・過失を厳密に判断するものでないとしても[93],手首骨折という結果

---

93) 参考までに,「刑法（第208条）の暴行罪は,人の身体に加えられる有形力の行使をいう。暴行の意思で暴行を加え障害の結果を生じた場合には傷害罪となる（結果的加重犯）。なお,結果的加重犯の成立には行為者において,結果発生の予見可能性（過失）があったことを要するものと解釈するのが正当である（判例は故意過失不要とする）」。団藤重光『刑法綱要各論』創文社,第三版,1990年,408-420頁。これらの見解を定説とするものに山口厚『刑法各論』有斐閣,2003年,40-48頁。

第6章 帰　結

についていかなる判断を行って量定の要素から除外しているのかが不明である。合理的に考えれば，相当因果関係は争う余地がないものの予見可能性がないとの論議をとりいれたものか[94]，あるいは，教員の非違行為性が低く，そこから生じた結果としての傷害の評価そのものを排除しうるものとして言及を見送ったのだと考えることもできる。

　だが，こうした説明は，ケース18と6との量定判断に格差があるという説明にはなっても懲戒処分と服務上の措置の区分をただちに説明するものではない。そこで，加重要素と考えられる体罰歴がありながら服務上の措置となっているケース10を検討することで，判断要素の繰り入れや除外について検討を加える。「趣旨」によれば，「他の生徒の妨げになる行為を繰り返した男子生徒に注意を促し，指導したが，ふて腐れた様子で反抗的な態度であったため，同生徒の頬を叩くなどの体罰を行い，その結果，当該生徒に傷害を負わせた」とされている。事故報告書によれば，平手で頬を数回殴打し，その際，手が鼻を引っ掛けた状態になり，鼻から出血し鼻骨骨折している。鼻血の手当の際も反抗的な態度をとったということで足（大腿部）を蹴っている。これら一連の教員の行為は生徒の反抗的な態度に対するものとはいえ，何ら業務上の正当性はなく，行為の違法性は明らかである。ところで，この教員には体罰歴（文書訓告：平成7.9.28）がある。体罰歴は，このケース以外では処分説明書に記載されており，加重要素とみなすことができる。

　教員の非違行為性，結果としての鼻骨骨折，体罰歴がありながら，懲戒処分に至っていない。本件とケース18を比較するとき，教員の非違行為性の相違や傷害の相違などは，画然として双方を区分するものとは思われず（ただし，行為や結果の程度の非公開による比較の困難さを前提としてだが），体罰歴は，明確な差異である。体罰歴を加重してもケース18よりも重く，懲戒処分とならない，などとは考えにくい。つまり，ケース10が懲戒処分とならないのは，別の客観

---

[94] 保護者によれば，「カルシウム不足でないですか」との発言が担任からあったという。この言葉自体は穏当ではないが，担任にしてみれば，骨折するなどとは思えなかったとの正直な気持ちが現れた発言ともいえる。

的要素が量定判断にあたって考慮されているという推定が成り立つ。

そこで，ケース10における判断要素の内，軽減要素を考察することにする。教員の非違行為性，結果の鼻骨骨折だけであれば，文書訓告で済ますことはできないわけではない。多くのケースが多様な非違行為性と結果としての傷害を生じさせながら文書訓告以下の措置となっていることはすでに確認済みである。しかし，加えて，体罰歴（文書訓告）を有しているという加重要素を考えれば，同じ文書訓告で済ますことは妥当でない。事故報告書から具体的に指摘できるのは，事案の過程での「親として教諭の処分を求めない」とする保護者の姿勢であり，最終的な被害者との関係を記述する内容である。それによれば，「1回目と2回目の治療費は，加害教員が払う。事象発生後，直ちに学校長，加害教員が家庭訪問し，説明と謝罪を行い一定の了解を得ている。保護者からは，今後行き過ぎた体罰がないようにと要望があった。被害生徒は今春卒業したが卒業時には，制服を学校に差し出すなど（リサイクルのため），保護者の学校への信頼も回復し円満に解決した」と記述されている。ここで信頼が顔を覗かせる。本事案では，このことによって実質的には体罰歴という要素が考慮の外におかれ，文書訓告相当性を満たすことになっているものと解釈しうる。

このような信頼の回復と円満な解決に相当すると思われるのが和解ケース（ケース4，29，45）である。そこで，これらのケースで判断要素がどのように取り扱われているのかを検討してみる。ケース4では，府教委の服務上の措置に関する「趣旨」では，「同児童を捕まえようとして，左手で同児童のTシャツの襟首を掴んで，引っ張ったところ，同児童は左肘から地面に倒れ，左肘部●と頚椎●の傷害を負った」と記されている。行為および結果としての傷害に加えて，このケースでは，保護者と学校とのやりとりの中で，「校長としては本人を辞めさせるようなことはできない。今まで子供の回復を一番と考えてきたこと，また教諭を良き教育者として育てることに全力を注ぎたい」との話がなされており，当該教員の処分への言及がうかがえる。文書訓告事例と比較して，教員の行為と結果としての傷害も明確に区分できないが，処分要求がなされているのがこのケースの特徴である。この処分要求を量定要素（保護者に与

第6章 帰　結

えた影響）として考慮することになると，文書訓告相当性が危うくなることになる。このケースでは，その後，母親が，両者弁護士を立てての話し合いを希望し，その後，校長は，「両者弁護士により和解成立の旨」を本人から報告を受け，市教委に連絡したとして文書は締めくくられている。本件は，懲戒処分とならず服務上の措置となっている。和解によって，処分要求という量定要素が解消（情状要素の繰り入れ）されたためであると解される。

　ケース29の「趣意」では，「授業中，教室の窓から運動場で授業中のほかのクラスの生徒に声をかけていた二人の生徒を指導する際に，当該二人の生徒の後頭部を平手で叩く体罰を行った」とされている。ところで，事故報告書によれば，その内の1人が叩かれる際に首をすくめたのが合わさって，机に顔から打ち付けてしまい，右前歯とその横の歯に何らかの損傷を負っていることが記されている。このケースでは，過程を見ると「保護者として●教諭の謝罪を受け入れたわけでなく，何度謝ってもらっても●という気持ちから，これ以上謝ってもらっても同じだと告げられる」とあり，処分要求をしているかどうかは不明だが，謝罪拒否の状況におかれていたことは疑いない。そうすると，本件は，2人の生徒への行為，1人の生徒への傷害に加え，謝罪拒否（保護者への影響）という要素を考える必要がある。本件は，学校長，教頭，当該教諭が家庭訪問を行い，謝罪し，和解に至ったとされている。和解によって謝罪拒否という要素は解消されたものとみなされる。

　ケース45では，「廊下を歩いていた1年●組の男子生徒がピアスをしていたため，外すように指導した。しかしながら，男子生徒があなたに対し，『やるんかー』と言いながら，あなたの顔面に顔を近づけてきたため，あなたは，男子生徒の体を右手で投げ，膝で押さえた。その結果，男子生徒は唇を●，足を●するなどの傷害を負った」とされるものである。このケースでは，父親が警察署に赴いている（被害届か告訴かは不明）。ただし，警察による事情聴取が行われており，現場検証が行われている。その後，保護者と教員との間で示談が成立し，保護者が警察へ嘆願書を提出している。このケースは人権侵害言説で取り上げたように，校長が府教委との話し合いの中で「●教諭の行為は，体罰

97

であるが，これに対して懲戒処分が下されれば，校内の多くの教員は生徒の問題行動に対して目をつぶるような状況になってしまう。自分が●教諭の立場でも，手を出しているかもしれない」と述べていることが特徴的である。結局のところ，本ケースでは生徒の非違行為性は高い（学校で懲戒認定されている）ものの，教員の行為はそれで正当化できるものではなく，保護者の法的サンクションを求める動向からすれば，示談の成立が服務上の措置となった根拠だと思われる。以上，和解ケースの検討によって，量定の加重要素となる保護者への影響（処分要求や謝罪拒否）という要素と軽減要素となる情状要素（和解）の繰り入れが，事案の懲戒処分の決定に重大な作用をなしているという結論が得られた。

　このこととは反対に，処分要求がなされたケースが懲戒処分決定等とどう関わっているのかをも検討しておく必要がある。傷害等があり，服務上の措置となったケースの中で，保護者が当該教員について何らかの処分に言及したと見られるケースは，2，4，5，6，15，29，32，45，53であり，この内，明確に事態が収束されことが確認できるのは，先に検討した和解ケース（ケース4，29，45）で，保護者があくまでも処分要求を貫いたことが記述されているのは，ケース2，53である。そこで，これらの判断要素を検討すると，ケース2では当該教員は兼務していた非常勤講師の辞職をしているところから量定の考慮が行われたものと推測され，[95] ケース53では，最終的に保護者は理解を示していないが，本人の顛末書では，「事象についてはAさん（筆者注：保護者）に誤解があり，それが食い違いとなっていると考えます」と述べられており，この食い違いについての学校による事実の訂正や評価はとくに示されていない。そこで，量定についてはこの本人の主張が考慮されている可能性がある。

　そこで，以上の考察をふまえて，最初のケース18をめぐる問題提起に立ち戻ることにしよう。ケース18は，教員の非違行為性が比較的高く，傷害の結果発

---

[95] この教師はこの事案で，平成13年に罰金刑（10万円）を受けており，服務上の措置の起案は平成14年である。刑法罪が懲戒処分等への評価にどのように繰り入れられているのか判然としない。文書訓告となった本件では，加重要素として働いていないと思われる。

生もあった。ただし，この要素のみで懲戒処分が決定されたと見るべきではなく，これに加重された要素の存在こそが検討されなければならない。本件では，保護者が当該教諭の児童に対する理解度や平素の児童に対する学校（教職員）の校内運営に不満を持つとともに，負傷させた責任として●を求める，ことが記述されている。これに対する当該教員・校長の受け止め方では，「保護者に理解を求めていくが，結果として児童に肉体的，精神的に損害を与えたことは事実であり，二人とも責任は免れない」との認識が示されている。その後，母親は市教委（指導課）に三点の要望（①すべての時間に介助員を配置，②●，③教員間の連携強化）を提出，この内容は，校長に対しても手紙で要望され，これを受けて，教育委員会は校長と協議し，「●教諭の行為は，叱責として許される範囲を逸脱しており，Ａに肉体的苦痛を与え，怪我をさせていることから，この事案を障害児に対する体罰として重く受け止めていくべきことを確認する」としている。このことから，②の要望が，先の負傷させた責任として●を求めるとした，当該教員の非難可能性への一貫した言及であったことが分かる。そして，ここでは，「障害児に対する体罰」という事実が，障害／非障害という二分的思考と教員に対する人格的非難のもとで，体罰構成と帰結に関わる保護者と当該教員・学校との相互作用・コミュニケーションに影響が及ぼされ非難可能性強化に寄与した結果，「障害児に対する体罰として重く受け止めていく」という価値判断構成となったことが推定されるのである。この保護者の要求は最後まで貫かれ，和解に至ることはなかった。つまり，比較的高いと思われる教員の非違行為性，前歯の損傷と見られる傷害の結果，保護者の強化された責任追及という要素が加重されたのに対して，最後まで和解に至らなかったことが，懲戒処分決定をもたらしたものと考えられるのである。これは，ケース10と比較するとき鮮やかな対比となる。処分要求／円満解決という学校内処理の最終形態の相違は，ことにそれが限界事例であるとき，その負荷を残すか，残さないかの区分となる。換言すれば，学校に対する不信／信頼という課題の突きつけに対して，その不信を受け止め処理することなくして，保護者による不信への移行が教育行政に及ぶ危険性が存在している。処分決定が学校

の信頼の回復につながる保障はどこにもないが，教育行政がこのことによって不信に曝されることは回避されるべきであるという選択は成り立つ。そのためには，基本的にはできうる限り懲戒処分という決定を回避しつつ[96]，本事案については最低限度の戒告という決定をなすことで教員に対するこれまでの身分的保証の処理水準の確保を伝達し，保護者に対しては信頼回復への伝達を意図するコミュニケーションとして量定判断は機能しているのではないだろうか。

　懲戒処分にも服務上の措置にもならなかった6ケースを見ると，保護者の納得が得られていないケースが1件ある。ただし，これについては生徒の非違行為性が高く，学校の規定で懲戒が実施されている（保護者もこの処分は認めたが，生徒は非違行為の事実そのものを否認。注55) 参照）いることに加え，校長意見書で当該教員の処分への配慮が要望され，これらが比較考慮された結果であろうと思われる。その他の5ケースについては，保護者の納得が確認されたものが3ケースで，「体罰の件はなんとか納得してもらった」「保護者はいいですよ」「（今後の対応を）校長にお任せする」等の記述が見られる。これらについては，生徒の非違行為性の重視，怪我について異常なし，という要素もある。残りの2ケースについては，とくに納得に関する記述は見られず，怪我については一方は軽微，もう一つは異常なしである。したがって，学校の報告で処理されたケースは，基本的には保護者の納得がその区分機能を果たしていると見られる。

　以上の検討から，懲戒処分と服務上の措置を区分するのは，境界事例においては量定要素としての処分要求に対応する教育行政としての不信の拡大を阻止する必要性であり，服務上の措置と学校報告との区分では，非違行為の重大性，怪我の軽微さ等に加え，保護者の納得という基本要素の存在がある。

　なお付言しておくと，障害児・生徒であるがゆえに，つまり障害という差異そのものが判断要素として繰り入れられている事実はなく，懲戒処分への直接的な影響は認められない（狭義の懲戒処分の二重基準の問題だが，処分説明書にも

---

96) 傷害結果にもかかわらず，大多数が懲戒処分とならず，懲戒処分となっているものを見ると，行為の悪質さ，結果の重篤さが際立つものに限られているといえる。

当該児童が障害児である旨の記述はない)。ただし，養護学校の処分等比率の高さの一つの説明としては，服務上の措置への繰り入れにあたっての配慮が働いている可能性を否定できないわけではない。この場合は，広義の<u>懲戒処分等の二重基準</u>の問題となりうる。ただし，この点に関しては考察条件が不足しており，本書ではこれ以上の検討を行う余裕がない。

第7章　組織保護と適正手続

　本章は，これまでの分析をふまえて適正手続について論じる。そのために，まず，諸過程の課題を確認するとともに総括を行い，次に，従来の手続論の特徴を概観し，最後にルーマンの手続論に依拠しつつ手続保障のための観点を提起したい。

第1節　諸過程の課題と総括

　適正手続についての論議の前提として，これまで分析してきた諸過程についての総括を行い，サンクションの機能的特定を行う必要がある。
　第一に，有形力の発動においては，教員の行為が児童生徒の非違行為との比較考慮もなく，本来懲戒として求められる公平性や比例原則がほぼ欠落したものであることを指摘してきた。児童生徒への指導は，理解義務の履行請求という作用であること，その意味における固有性としての二分法的思考・時間圧力・非対称的関係等の諸点に関しては，業務における正当性や緊急性についての法的理解を図ることを含め，生徒指導のあり方を再考していくための学習課題となろう。体罰歴が1割に上るというデータからは，学習は特別予防的観点（当該教員の研修等）が主要課題の一つとして重視されるべきことはいうまでもないが，一般予防的観点からも必要である。当該教員の年齢や顛末書からは，当該教員が学校の学習秩序形成に関わる集約的な機能を担っていることもしばしば見受けられるのであり，属人的課題にのみ収斂させることは適切ではない。

行為の反省にあっては，規範的予期の違背処理としての懲戒論議の回避，加えて，毅然とした指導なる概念が体罰に対置される傾向が見られるように，これも同様の二分法的思考に貫かれていた。懲戒概念を検討することなく指導概念のみに依拠し，毅然とした／毅然としていないに二分する発想は，児童生徒の違背が昂進すればするほど，より毅然とした指導へと教員を駆り立てざるをえない。本来的には児童生徒に帰責されるべきことがらが，教員の指導責務に転嫁されることが予定されるメカニズムであるともいえる。もっとも，現実的には毅然とした指導で具体的解決がなされることは当然にもありうる。それは，愛による指導であっても同様であるという意味においてである。例えば，府教委のマニュアルは，無限の教育愛を強調している。ここに見られる教育愛の強調は，教育の秩序を考察の外におくことによって成り立っていると思われるが，このような思考から導かれる無定量な責任と，二分法による毅然とした指導によってもたらされる責任の転嫁構造は，基本的には通底した観念であると思われる。このように，行為の反省が認知的予期とその学習，規範的予期とその違背処理という区別と連関が考慮されず，教育における秩序の考察が対象外とされているところからは，本来，保障されるべき児童生徒の学習に関わる権利と学習秩序の形成に関わる義務の成立についての理解を阻害し，権利侵害

---

97) マニュアルの前書きに相当する文書を引用しておく。
 「私たちは，考えなければならない。教師として，まず，何を持たなければならないか。それは，人を愛する心ではなかったか。人を尊ぶ心ではなかったか。生徒の言葉にかっとなったり，腹を立てたりしてはいないか。行いには心が表れ，心は行いによってつくられる。私たち教師の誇りは，人の生きる営みにかかわることができることではなかったか。他人の痛み，悲しみをともに感じ，心に触れることではなかったか。教育における真理は，人が生きていく道として真理であるはずだ。私たち教師は，<u>無限の教育愛を身につけ，理想に燃え，誇りと責任をもって胸を張って教育に徹したい。当たり前の人間として，人の道を堂々と進みたい</u>」。教師の心構えとしては異論があるわけではない。ただし，〈教育愛〉もまた，相互作用とコミュニケーションであることからは，理解のズレを免れるわけではなく，〈教育の秩序〉と同一地平にあることに無自覚でいるわけにはいかない。もっとも，「教育愛」を説く論者が規範論議と無縁だというわけではない。例えば，岡田啓司『教育愛について』ミネルヴァ書房，2002年，76頁，では，「野放図な衝動充足への欲求」から「規範への自主的服従」への移行を可能にする媒介項としての「承認欲求の充足経験」の必要性を説く。

の防御・排除・あるいは侵害からの回復を保障するという措置の導出そのものが妨げられている可能性がある。

　第二に，構成では，伝達の法的義務としての不明確さが指摘された。これは，対処可能性に関わるだけでなく，非難可能性の論議に関わるものである。伝達の欠如・不作為などは，不信の契機あるいは不信への移行をもたらすことが観察された。事実確定，謝罪のあり方，当該教員に対する事実上のサンクション（公開謝罪，担当変更等）などが，保護者と当該教員のみならず，参入したものとの偶然的な契機（あるいは戦略的契機）に基づき，相互作用の産物として現出していることは，事態がいったん生起するや否や当事者による展開予測が著しく困難になることを意味している（時間的・内容的コントロールの不全）。典型的には，保護者による不信への移行という単純化によって，当事者間の伝達や相互作用の可能性が減退し，主導的な収束の鍵としての権力資源の動員が促進される事例が見受けられる。

　第三に，帰結からは，違法性の阻却がなく児童生徒が程度の差はあれ傷害の結果を負っている，というだけでは懲戒処分が行われていないという事実が判明している。むしろ，懲戒処分が回避され，大半が服務上の措置として処理される傾向にあるとさえ思われる。懲戒／非懲戒を区分する限界ケースの分析からは，戒告処分という懲戒処分を規定するのが非違行為とその結果よりも，構成における相互作用をも基礎とする保護者の合意／処分要求が重視されているということである。合意は具体的には和解を意味するが，これは構成のプロセスを主導的に制御できないという現実の中で，保護者の不信を当事者教員に帰責するメカニズムであるといえる。

　体罰は人権侵害であるとの非難には，人権の内実の空虚さの無意識事例（義務制ケース），定義そのものと現実との乖離への意識の表出（高校ケース），障害児に関わる体罰にあっては，子どもを障害児／非障害児に振り分けるという二分法思考と教員に対する人格的非難が見られた。懲戒処分等の関係では，質的には諸階梯との関係を有しない言説であったが，量的相関については推定が成立した。

以上の分析を総合すると，次のような構図が描かれる。学校における論議には，規範的予期の違背処理の妥当性論議（オルタナティブな懲戒の可能性やそれを正当化する手続）に向かう契機は乏しく，府教委による論議には子どもに関する実体的（差異的）人権保障の強調はあっても教員の権利保障の観点は見られず，処分等にあっては和解不成立による不信処理機能が重視され，文部科学省との関係では人権侵害言説による処分等の量的相関が存在している。すなわち，手続保障の契機を有さない状況のもとで，①教員に対しては，一般的には体罰に対する懲戒処分は抑制され，教員の身分保障水準が確保されるが，限界事例では保護者との不信／和解が懲戒／非懲戒によって処理される②保護者に対しては，限界事例では，和解非成立による不信の移行が回避される③全国的要請に対しては，体罰は人権侵害であるという言説のもとに懲戒処分等の量的拡大に寄与することで課せられた負荷が処理される，という均衡が実現されていると見ることができる。換言すれば，体罰というテーマに特化された懲戒処分等というサンクションは，これら現在の三つの期待を遂行するという組織保護として機能していると規定することが可能である。

第2節　従来の手続論の概観

　ケース分析の総合から，手続保障の観点を欠いたまま組織保護が機能していることを指摘したが，この背後に存在してきた議論を整理しておく必要がある。ただし，本書が目的とする手続論は，教員への懲戒処分等に関わる適正手続そのものを対象にしているわけではない。あくまでも，懲戒としての体罰とこれに対する教員への懲戒処分等の決定に伴う手続に限定したものである。このことを前提にした上で，適正手続についての行政法学・教育行政学上の論議，教員の権利論の主張，子どもの権利擁護を主眼とした教育法学からの提起，さらに，このことと関連すると思われるアメリカ憲法判例論議を概観しておくことにする。

　行政法学においては，聴聞の機会の付与が論点になる。すなわち，懲戒処分

に対する手続的規制を行政過程のいずれの段階で加えるかを問い，現行法制が事後手続（人事院・人事委員会・公平委員会への不服申立て）を基本とし，事前手続としては，処分事由説明書の交付にとどまっていることを指摘し，聴聞の機会が憲法上要請される，と解釈するものである。[98]これは行政システム（教育行政を含む）の一般的妥当性の水準として理解される。一方，教育行政学においては，今なお，校長の意見具申・市町村教委の内申がテーマであり，教育行政の特質を指導・助言・援助等の非権力的な作用に見出して専門行政として位置づける，との議論を展開するものがあるが，旧来の論議の枠組みを越えるものではないように思われる。[99]

教員の権利としての内容では，懲戒処分に係る現行法制度上の手続的保障の不備を指摘，ILO・ユネスコ勧告（教員の専門職としての行為の違反に関する懲戒手続）を国際的常識として紹介，その実現を求めるものがある。[100]しかし，現実的な運動論的関心からは，ストライキ等の集団的労働紛争における懲戒処分反対運動の一環として，市町村教委からの処分内申の提出阻止に重点をおいた主張が行われていた。[101]その一方で，体罰に関する記述では，教員への刑事罰適用の制限につき，重大な安全教育の義務違反などに制約することを求め，懲戒処分については，体罰事案への懲戒処分適用をきわめて限定的に解していた。[102]このようにして，処分等に係る適正手続は，当時の公務員労働者の労働基本権を

---

98) 塩野宏『行政法Ⅲ』有斐閣，第3版，2006年，276-277頁。
99) 黒崎勲『教育行政学』岩波書店，2005年，53-75頁。同書の中でしばしば援用される持田栄一に関して見てみると，例えば近代公教育批判を謳う『教育行政学序説』明治図書，1979年，にも問題関心は示されていない。教育行政学としては，教育に対する権力的介入の排除の問題という以上の意義を有しているものとは考えられてこなかったというのが事実ではないかと思われる。
100) 日本教職員組合編『教職員の権利全書』労働旬報社，1984年，332-340頁。「教員の地位に関する勧告」（1966.10.5）の47-51項が紹介されている。
101) 同書333頁。
「任命当局が処分を準備する過程で教職員や組合側から市町村教委に働きかけ，市町村教委が内申をせぬよう，また万一内申を行うときでも処分すべきでない旨の内申をするよう要求し，説得することはきわめて大切であり，同様に校長にたいしても処分にかんする事実報告をするとか，さらには処分不相当の具申をするように働きかけることが肝要である」。

めぐる紛争状況にも規定され[103]，懲戒処分の制限・制約という運動目的が強化される中で，教員および児童生徒の権利保障として論議するという観点を持つに至ることはなかった。一方，子どもの人権保障の法理を重視してきた教育法学の立場からは，教員の教育上の自由裁量権と子どもの人権保障（適正手続）の間には，緊張関係があることが指摘されてきた[104]。だが，ここでは，教員に関する手続保障は特段論議されていない。

　アメリカにおいて，体罰が連邦憲法の修正条項をめぐって争われたケースにつき，連邦最高裁は，①体罰は修正第8条に違反しない，②実体的デュー・プロセスの問題については，体罰が生徒の自由権的利益と関わっていると認めたが，③事前の手続保護（告知・聴聞）については否定する判断を下している[105]。体罰と人権を考える際には，子どもの発見が媒介となるが[106]，こうした子どもの人権主体性をめぐる憲法判断は，わが国においても限定的にではあるが論議さ

---

102) 同書414頁。「刑事事件（教育的安全義務違反）で有罪にされたばあいとか，教員の性格が粗暴でしばしば生徒に過酷な体罰を加え，注意してもなおらないばあいにはやむをえないであろう。このばあいは教員の職務上の義務としての，生徒にたいする安全教育の義務に違反するからである」と述べている。

103) 本書では，直接的な課題とはならないが，今日的な論議としては，渡辺賢『公務員労働基本権の再構築』北海道大学出版会，第1刷，2006年を紹介しておく。同書は，「適正手続保障」の観点から労働基本権について論じたもの。

104) 牧柾名「懲戒・体罰研究の理論的課題」牧柾名ほか編著『懲戒・体罰の法制と実態』学陽書房，1993年所収13頁。

「これまで，いわゆる教育人権と教育の自由にかかわる問題の設定は，主要には国家権力，学校設置者と教員との関係事項に中心がおかれてきた。教科書裁判においては，教育の主体である子どもの教育を受ける権利を保障する立場から，教科書執筆者の自由，教員の教育権の独立性が主張されてきた。子どもの学習権を保障することと，教育に責任を負う教員の自律性を守ることが一体的にとらえられてきた。このことは間違いではないが，十分ではない。教員の教育上の自由裁量権と子どもの人権保障の間にはきわめてきびしい緊張した関係が存在することも事実なのであって，懲戒権の検討は，この意味で，学校・教員と子ども・親の予定調和的関係を前提にするわけにはいかず，むしろこの関係の緊張した内容を教育法上の権利・義務関係として浮き彫りにすることによって，より具体的な，学校・教員と子ども・親の高次の共同的関係をつくりあげることが探求される必要があると考えられる」とする。

　同趣旨として，1980年代以降の教育裁判の傾向変化を，自主性擁護的教育裁判から子どもの人権裁判という教育是正的教育裁判として指摘するものとして，市川須美子ほか編『教育法学と子どもの人権』三省堂，1998年，15頁。

[107]
れ，子どもの権利条約の批准に関わって，体罰と結びつけられ論議が形成されてきたことは前述のとおりである。ただし，わが国の判例レベルで体罰は民事・刑事訴訟のレベルで観察されるにとどまってきた。[108]わが国の体罰禁止条項の範例（ニュージャージー州）とみなされるアメリカで，体罰が憲法上争われてきたのは，連邦として体罰が禁止されるかどうかである。[109]それは，アメリカが英米法系に属するコモン・ローの国として学校における体罰を法的に認め，教師の懲戒権には合理的かつ穏当な体罰を行使する権限が含まれ，この特権は「親に代位する（in loco parentis）」として，親権が部分的に教師の責任に委ねられて

---

105) 片山等「アメリカの学校体罰をめぐる民事判例の動向」『懲戒・体罰の法制と実態』209-214頁。連邦憲法修正第10条は，「本憲法によって合衆国に委任されず，また，各州に対して禁止されなかった権限は，各州それぞれまたは人民に保留される」と規定している。連邦憲法は，教育については連邦議会の権限としていないため，教育に関する立法権限は州の主権に属し，各州は州法律や各レベルの教育委員会規則や慣習法によって，教育に関する事項を定めている。学校における生徒懲戒法制も各州ごとに，州法律，州・学区教委会規則によりその法形成は様々である。ただし，その州法制も修正第1-10条，およびこれを各州政府に適用する修正第14条を中心にして，連邦憲法の制約を受ける。したがって，体罰も連邦憲法修正第8条「残酷かつ異常な刑罰の禁止」や修正第14条，「適正手続」条項との関連で検討されることになる。これが連邦最高裁で争われたのが，Ingraham v. Wright, 430U. S651（1977）である。ここで，連邦最高裁は，①公立学校における懲戒手段としての体罰は，修正第8条違反にあたらない。同条は有罪判決を受けた者を対象とし，公立学校における懲戒処分としての体罰には適用されるものではない。②実体的デュー・プロセス（権利・利益の実体的判断）の問題については，体罰が生徒の自由権の利益と関わっていると認めたが，③事前の手続保護（告知・聴聞）については否定した。
　これに先立つGoss v.Lopez, 419U.S.565（1975）によって学校での体罰にもデュー・プロセスの保護が及ぶかが争われるに至ったとし，この判決による手続的デュー・プロセスの二段階審査基準の形成と縮小の歴史的展開でIngraham判決を理解するものとして，松井茂記「非刑事手続領域に於ける手続的デュープロセス理論の展開（四）」法学論叢107巻4号，66-92頁。
106)「子どもの発見」と教育システムの分出の関係につき，「特殊的な機能システムの数々が，分離されたと言えるのは，……システム形成のきっかけが見られる場合だけである。たとえば教育については，子供たちの世界がその特殊性を認識され，大人たちの世界から区別される。そうなってはじめて，その場その場のきっかけから教育の措置がとられるにとどまらず，システム形成によって問題に対処するための基礎ができたということになる」（『社会の教育システム』151頁 Das Erziehungssystem der Gesellschaft, S.111）。
　「子どもの発見」と中世における団体や学寮における体罰とのかかわりについては，フィリップ・アリエス『〈子供〉の誕生』みすず書房，2005年，227-253頁「第5章　規律の進化」が詳しい。ここでアリエスは，「中世の学校は子供と大人を区別しなかった」と述べている。

第7章　組織保護と適正手続

107) 憲法と子どもの権利条約との関係につき，芦部信喜『憲法　新版補訂版』岩波書店，1999年，77，86，120頁では，人権の国際化，未成年者の人権，憲法第13条の幸福追求権の枠組みで，自己決定権（人格的自律権）が取り上げられており，中学・高校の校則による髪型の自由の規制やバイクに乗る自由と規制の妥当性について「自己決定権は，プライバシーの権利とまったく別個独立の権利というよりも，情報プライバシーの権利と並んで広義のプライバシーの権利を構成するもの，と解するのが妥当であろう。ただ，わが国では自己決定権を真正面から認めた判例は存在しない」と述べるにとどまる。

　関連する判例としては，いわゆる修徳高校パーマ退学事件で三菱樹脂事件最高裁判決を援用，「それが直接憲法の右基本権規定に違反するかどうかを論じる余地はない」としたもの（最判平成8・7・18判時1599号53頁），校則によるバイク制限につき，同様の判断が示されたもの（最判平成3・9・3判時1401号56頁）がある。判例につき，芦部信喜・高橋和之・長谷部恭男編『憲法判例百選Ⅰ（第4版）』別冊ジュリスト154号，有斐閣，2000年所収，浅利祐一「公立中学校における髪型の規制」(46-47頁)，恒川隆生「校則によるバイク制限」(54-55頁）参照。

108) 刑事裁判においては，教員の行為が暴行や傷害等の構成要件に該当するか，責任があるか，が論じられる。侵害法益をあえて子どもの人権として構成することは不要である。民事裁判においては，行為と損害との因果関係と損害が論議される。ここでも，憲法上の人権を持ち出す必要はない。ただし，憲法の理念との関係で論及したものとしては，本書の注3)を参照。

109) 寺崎弘昭「補論1　日本における学校体罰禁止法制の歴史」同『イギリス学校体罰史』所収223-232頁。寺崎によれば，日本で学校体罰が法禁されたのは1879年（明治12年）である（教育令第46条　凡学校ニ於イテハ生徒ニ体罰殴チ或ハ縛スルノ類ヲ加フヘカラス）。この1879年以前にヨーロッパですでに学校体罰を法禁していた国は，ポーランド（1783)・オランダ（1819)・ルクセンブルグ（1845)・イタリア（1860)・ベルギー（1867)・オーストリア（1870)の6カ国に過ぎず，当時のアメリカで唯一体罰を法禁していたのがニュージャージー州（1867年学校法第81条）であった。寺崎は，日本の体罰法禁については，ときの文部大輔で文部行政の実質的責任者であった田中不二麿の「欧米視察報告書」にある「米国学校法」などを典拠にして，このニュージャージー州の学校体罰法禁が移植されたものと結論づけている。

『EDUCATION LAW』(p.512)によれば，1991年時点で21州が学校体罰を禁止している。さらに，最近の報告からは，アメリカ50州と特別区1（コロンビア）のうち，体罰を法律で禁止しているのは27州と特別区（アラスカ，カリフォルニア，コネチカット，ハワイ，イリノイ，アイオワ，メイン，メリーランド，マサチューセッツ，ミシガン，ミネソタ，モンタナ，ネブラスカ，ニューハンプシャー，ネバダ，ニュージャージー，ニューヨーク，ノースダコタ，オレゴン，ロードアイランド，サウスダコタ，ユタ，バーモント，ヴァージニア，ワシントン，ウエストヴァージニア，ウィスコンシン，コロンビア特別区）となっている（「Corporal Punishment in Schools」)。

　なお，イギリスにおいては，1986年，「体罰の廃棄」を明記した教育（第二）法が成立し，「公費で教育されているすべての学校生徒について」1987年8月15日から施行されている。寺崎『イギリス学校体罰史』7-8頁。

きたという歴史を有してきたこと，さらに「州が保護者としての国(parens patriae)として懲戒する」と考えられるようになり，州法が体罰を明文で定めるに至ってきたからである。[110] このように，アメリカでの論議は，そもそも体罰は憲法違反であるか否か，実体的・手続的デュー・プロセス条項の適用を受けるか否かということが州法との関係で議論されてきたものであり，その争点自体は明確である。これに対して，わが国で体罰と子どもの人権が論議される場合には，憲法的争点としての適正手続が論議されてきたわけではなく，体罰を子どもの権利条約との関係で捉える府教委文書においても適正手続に触れられてはいない。[111]

　教員と児童生徒の手続保障が，一体のものとして，かつ同一水準において論議されてこなかったことは明白である。こうした実定法領域における関心や論議における不備を指摘し，それらを連結させることで一定の提起ができないわけではない。しかし，本書が重視したいのは，法規定の欠缺をただちに埋めるという立法論の採用ではなく，体罰に対するサンクションの機能的特定から導かれた組織保護という課題を受け止め，懲戒・懲戒処分等の決定のあり方を問い直していくという観点である。そのためには，まず，適正手続に関する理論の一般化を通じて，本書が目的とする固有の課題に再特定化するという作業を行う必要がある。その作業の中でこそ，先の法的論議が同一水準で課題となることが期待される。そこで，次節では，改めてルーマンの議論を参照しながら適正手続を捉え返し，具体的論議へと駒を進めることにしたい。

第3節　適正手続の意義

　懲戒・懲戒処分等という決定を考えるためには，本書が一貫して依拠してき

---

110) 片山等「アメリカの学校体罰をめぐる民事判例の動向」『懲戒・体罰の法制と実態』204-209頁。
111) 『府教委の体罰マニュアル』8頁は，子どもの権利条約の第19条1項を紹介するが，同条2項の手続規定に触れていない。『体罰防止マニュアル（改訂版）』2頁も同様である。

た予期についての議論に再び立ち戻らなければならない。ルーマンによれば，現代社会の複雑性に対処するためには，決定の承認行為を一般化することが必要であり，それゆえ問題は決定を受け止めるものの受容行為となる。この受容行為の概念は，いかなる根拠からであれ，当事者が決定を自分の行動の前提として受け入れ，自らの予期をそれに応じて構造変換することと定式化されねばならない，と規定される。そして，この決定が正統化されるということは，承認の基礎をなす制度化された学習過程と決定過程に伴う予期の連続的な構造変換が保障されることであり，手続は複雑性を縮減するシステムとしてこのことに関わっている。手続による正統化とはこうした概念を表現したものである。[112]

このような理解は，先の法領域で論じられた適正手続の論議とは一見隔たっているようだが，こうして一般化された理解にまず立脚することによって，本書が進めてきた考察に一貫性が約束されるとともに，制度的な理解を支えることにもなると思われる。したがって，本書では，このルーマン理論そのものを議論の対象とはしないし，その用意もない。[113] 本書では，決定には受容行為が問題となること，承認の基礎となる学習過程，予期の構造変換（人格の同一性を維持したまま，新たな予期構造を組み込むこと）が必要とされること，これに関わるのが行為システムとしての手続であるという理解を前提にして論を進めることにしたい（これ以降，本書での適正手続という表現はこの内容を指す）。

本書が追求してきたのは，児童生徒および教員の非違行為とそれぞれに伴う

---

112) ニクラス・ルーマン（今井弘道訳）『手続を通しての正統化』風行社，2003年，18-28頁（*Legitimation durch Verfahren*, S.27-37）。

113) 例えば，手続の一般化に関するルーマン理論を手続的正義論の観点との関係で紹介するものとして，谷口安平「手続的正義」芦部信喜ほか編『基本法学8　紛争』岩波書店，1983年，44-45頁。「手続的正義の観念が裁判の正当性を根拠づけるための唯一ではないにしても重要な要素であることは否定できない。……これ（ジョン・ロールズの純粋手続的正義の観念：筆者注）とは無関係に『手続による正当化』のテーゼを打ち出してこれを裁判手続にかぎらず，選挙，立法，行政等の諸手続に一般化して論じたのは現代西ドイツの法社会学者ルーマンである。『適正な』手続が行われたことを条件として，手続がこのような作用をもつことは否定できないところと思われる」。なお，ここで挙げられている作用とは，不利益を受けるものに対する結果の納得と裁判に寄せられる世間一般の信頼である。

決定のあり方である。前者は有形力の発動による事実上の懲戒，後者は懲戒処分等という法的現象として観察された。ルーマンの手続論を児童生徒および教員の双方に妥当するものとすると，まず，決定受容がなされるためには，決定前提の受容がまず問題となる。決定前提にかかわる要素としては，判断機関・判断基準・判断資料が挙げられる。第二に，承認の基礎となる学習過程とは事前手続である。この事前手続において，非違行為を行った児童生徒および教員が予期構造を変換させて決定受容に至ると考えられるのである。決定前提を含む決定には，実定法上の制約が課せられていることから，この点の検討もあわせて必要となる。

第8章　手続保障と信頼

　双方の非違行為については，児童生徒および教員の手続保障とともに，これまでの分析によって保護者の関与と信頼が問題となることが明らかとなっている。そこで，本章では，それぞれの手続保障と不信の構造化を含む信頼について論点を列挙しつつ，まとめとして若干の提起を行うこととしたい。

第1節　児童生徒の手続保障

　児童生徒にとって決定とは，もともと自らの非違行為がいかなる懲戒に相当するのか否か，という課題である。もとより本書は，児童生徒の懲戒そのものの考察を目的にしているわけではないが，懲戒についての一般的理解をふまえずして，体罰事案への具体的適用を論ずるわけにはいかない。そのため，この児童生徒の非違行為の処分決定について，前述した論点から，それぞれに具体的な考察を試みることにしたい。
　まず，判断機関・判断基準・判断資料についての実定法上の規定を確認する。判断機関とは懲戒権者である。学校教育法施行規則（第26条）によれば，校長および教員が懲戒権者であり，懲戒を加えるに当たっては，児童等の発達に応ずる等の教育上必要な配慮が求められている。この懲戒処分権に関するリーディング・ケースは，「京都府立医大退学処分事件」であり，その後の「昭和女子大退学処分事件」において，公立・私立大学にあっての処分権者の教育的裁量性が認められている。懲戒内容に関しては，退学，停学および訓告の処分権は校長（大学にあっては，学長の委任を受けた学部長を含む）にある。なお，

113

退学は，義務制の公立小・中学校，盲，聾，養護学校の学齢児童・生徒を除外，さらに停学は，学齢児童または学齢生徒に対しては行うことができない。停学の効果としては，停学期間中は授業をはじめ正規の教育課程の履修を否認することにある。[115] 退学・停学・訓告として列挙された懲戒事由は，行政解釈および司法判断によっても限定列挙でないと解されている。[116] 大阪府立高等学校等の管理運営に関する規則においては，懲戒のうち退学または停学の処分を行った場合，校長には教育委員会への報告義務がある。[117]

一方，市町村については，学校教育法第35条が保護者に対する児童の出席停止の命令を規定し，その命令権が教育委員会にあるとしており，本規定には校長の権限・義務は規定されていない。この出席停止について，行政通達は懲戒性を否定しているが，やや詳しくその機能を検討することにする。[118] 出席停止に関する市町村条例を参考に見てみると，校長に対して，報告，出席停止の具申の義務，教育委員会の指示に基づく学習支援その他の教育上必要な措置を講ずることを義務づけたものがある。[119] 高校の場合などで行われている家庭謹慎の措

---

114) 兼子仁『教育法』有斐閣，新版，1999年，447-448頁。
　判例評釈として，塩野宏・小早川光郎・宇賀克也編『行政判例百選Ⅰ（第4版）』有斐閣，1999年，50-51頁，24学生処分と裁量権，最小判昭和29．7．30（民集第8巻7号1501頁），芦部信喜・高橋和之・長谷部恭男編『憲法判例百選Ⅰ（第4版）』有斐閣，2000年。26-27頁，12私立大学と基本的人権，最小判昭和49．7．19（民集28巻5号790頁）。
115) 兼子仁『教育法』450頁。
116) 平成18年版教育法規便覧，167-168頁。「退学」には，除籍，放校等の，「停学」には謹慎・出校停止等の，「訓告」には譴責，戒告等のそれぞれ実質的にこれらに準じる懲戒処分等を含む（昭和32.12.21文初財615　文部次官通達）。
　「校長が生徒に対して行う懲戒処分は，必ずしも学校教育法規則に定める退学・停学又は訓告の三種に限定されるものでなく，この三種の処分とその性質，態様を実質的に同じくする限り，謹慎処分，無期停学処分等の他の種類の処分もなし得る」（昭和47．5．12福島地裁）。
117) 大阪府立高等学校等の管理運営に関する規則　昭和32年10月5日
　　　　　　　　　　　　　　　　　　大阪府教育委員会規則第四号
第21条（懲戒の報告）校長は，懲戒のうち，退学又は停学の処分を行つたときは，速やかに，教育委員会に報告しなければならない。
（昭四〇教委規則四・全改，昭五七教委規則三・一部改正）
118) 改正の趣旨＝要件の明確化及び手続に関する規定の整備を図り，また，児童生徒の学習の支援等必要な措置を講ずることとしたこと（文科事務次官通知平成13．7．11文科初466）。

置については，教育的懲戒の一種として，生徒本人の基本的合意を前提とした生活指導上の措置であり，これは義務制についても実施しうると解されている[120]。こうした理解からすれば，出席停止は，命令権限が教育行政にあることで処分権が校長にある停学とも異なり，児童生徒の基本的合意を不要とする点で家庭謹慎とも異なる措置であることになる。ところで，出席停止は，児童生徒の非違行為につき性行不良と危害原理（harm principle）に基づいているが，その機能は児童生徒を一定の期間につき学校空間から隔離し，授業という相互作

---

119) 豊中市立小学校，中学校及び幼稚園の管理運営に関する規則　昭和32年12月26日
　　　　　　　　　　　　　　　　　　　　　　　　　　　　　　教育委員会規則3
　　第19条（性行不良による出席停止）小学校及び中学校の校長は，次に掲げる行為の一又は二以上を繰り返し行う等性行不良であつて他の児童生徒の教育に妨げがあると認める児童生徒があるときは，教育委員会に報告又は出席停止についての意見の具申をしなければならない。
　　（1）　他の児童生徒に傷害，心身の苦痛又は財産上の損失を与える行為
　　（2）　職員に傷害又は心身の苦痛を与える行為
　　（3）　施設又は設備を損壊する行為
　　（4）　授業その他の教育活動の実施を妨げる行為
　2　前項の規定による出席停止の命令は，次の各号に定める手続により教育委員会が命ずる。
　　（1）　あらかじめ当該児童生徒及び保護者の意見を聴取する。
　　（2）　理由及び期間を記載した文書を保護者に交付する。
　3　校長は，教育委員会の指示に基づいて，出席停止の命令に係る児童生徒の出席停止の期間における学習の支援その他の教育上必要な措置を講じなければならない。
120) 兼子仁『教育法』450-451頁。
121) 運用の基本的な在り方＝①本人に対する懲戒という観点からではなく，学校の秩序を維持し，他の児童生徒の義務教育を受ける権利を保障する観点から設けられた，②国民の就学義務ともかかわる重要な措置であることにかんがみ，市町村教育委員会の権限と責任において行われるべきなので，校長への権限委任等は慎重にすべきである，③対応には日ごろからの生徒指導を充実することがまずもって必要であり，学校が最大限の努力を行っても解決せず，他の児童生徒の教育が妨げられている場合に出席停止の措置が講じられる（初中局長通知平成13.11.6文科初725）。
　　なお，学校保健法では，伝染病の予防に関して出席停止を定めている。この権限は校長にあり，児童生徒の学習の保障等についての規定はない。児童生徒本人の病気の治癒，周辺児童生徒への病気の罹患を防ぐことを目的とするための措置であり，本条項に関して学習の保障等を法的に規定していないからといって妥当性を欠くものではない。学校保健法第12条(出席停止)，学校保健法施行令第5条（出席停止の指示），同第6条（出席停止の報告），学校保健法施行規則第20条（出席停止の期間の基準），同第21条（出席停止の報告事項）。

用・コミュニケーションから排除することに他ならない。こうした排除機能は，当該児童生徒に学習支援等が義務づけられるにせよ，非違行為との関係ではサンクションの効果を有するものと考えるのが自然である。そこで重要なのは要件の明確化と手続規定への着目である。すなわち，懲戒が出席停止とは異なり手続規定を有さないこと，手続規定を有する出席停止の懲戒性が否定されていることを整合的に理解しようと努めれば，懲戒と手続規定との緊張関係が浮かび上がってくる。本節では，この点の指摘にとどめ，出席停止をサンクションとして捉える観点に立つこと，教育委員会が判断機関であるとの考え方をとることにしたい。

　判断機関をめぐる論点として，校長の懲戒権が問題となる。法は懲戒に際して教育的配慮を義務づけているが，校長が単独で非違行為を行った児童生徒についての処分決定を行うことができるか，である。この点では，職員会議の権能が問題となる。かつては，職員会議は大学の教授会（学校教育法第93条）とは異なり法律に根拠を有さず，この法的性質・権限をめぐっては，補助機関説，決議機関説，諮問機関説などの対立があったが[122]，今日では，学校教育法施行規則第48条「小学校には，設置者の定めるところにより，校長の職務の円滑な執行に資するため，職員会議を置くことができる。2　職員会議は，校長が主宰する」と規定されるに至っている。大阪府立高等学校の管理運営に関する規則によれば，職員会議は校長の職務の円滑な執行に資するため置くことができる，ものである[123]。無論，慣習的には職員会議を行っていない学校はありえない

---

[122] 兼子仁『教育法』453頁。日本教職員組合編『教職員の権利全書』，1984年，76-83頁。主要な傾向としては，諮問機関説，補助機関説は行政側，決議機関説は職員団体側の主張に分類される。兼子によれば「学校運営に即して現行法の教育的条理解釈を行うときには，職員会議の法的性質・権限について全般的に一様の法理を見出すことはできず，教育内的・外的事項の区別に応じて分けて論じなくてはならない」としている。また，教育事項の審議・決定をめぐる職員会議の運営を自治的ならしめるために，召集権・召集請求権，議長選任制，審議・議決定足数，議案提出手続，議事録制他を定める「職員会議（運営）規定」を学校自治規範として成文化しておくことがのぞましい，と述べる。内外事項の区分も一義的なものではなく，職員会議が，今日，規則という形式で一定の標準化が進み，校長の召集権，主宰のみが権能として明記されるなかで，審議・決定を柱としてこうした立論の再考が必要となっている。

だろうが，法的には必須の機関ではなく，構成員や決議の権能は明記されていない。市町村の規則にも同一の文面で規定されているものがある。職員会議の主要な機能は，教職員の意思疎通，共通理解の促進，意見交換等とされているが，懲戒の教育的配慮義務，出席停止における学習保障・教育的配慮義務を具体化するためには職員会議の審議は不可欠であり，これらを要件として校長および教育委員会の決定がなされるべきであろう。なお，具体的事案を見ると，高校のケースでは，補導委員会が事実関係と処分の方向を職員会議に報告しているものがある。補導委員会の構成・権能，職員会議との関係は文面からは明らかではないが，処分に関する事実上の決定を担っていると思われる。処分申渡しは，校長が本人ならびに父親に対して行っている（同席教員もいる。補導委員会のメンバーであろう）。ここでは校長は，補導委員会の事実上の決定，職員会議への報告を経て，法的な懲戒権者としての役割を果たしている。

次に，判断資料および判断基準については法定されていない。判断資料は，当該児童生徒，教員，現認した教員，児童生徒による聴取を記録したものであり，これらに関しては文面に関する本人確認がなされるべきであり，その上で意見・抗弁があればその旨が記載されるべきである。非違行為による人的・物的な損害が発生した場合には，それらの証拠書類の添付が求められる。判断基準は，通常，校則および下位規範である懲戒規定・運用内規がそれに相当するであろうが，要件としては公開性と明確性の具備が不可欠であり，事案への適用妥当性の検証が保障されねばならない。[126]

以上，判断機関・判断資料・判断基準については法的規定および原則的な確

---

123) 大阪府立高等学校の管理運営に関する規則第22条の3
　　高等学校に，校長の職務の円滑な執行に資するため，職員会議を置くことができる。
　2　職員会議においては,校務に関する事項について教職員間の意思疎通,共通理解の促進,教職員の意見交換等を行う。
　3　校長は，職員会議を召集し，主宰する。
124) 例えば，豊中市立小学校，中学校及び幼稚園の管理運営に関する規則（第3条の3）では，大阪府と同一の文面が用いられている。
125) 例えば裁判例として，「新潟県立高校事件」東京高判（昭和52・3・8）判時856号26頁，『教育判例百選（第三版）』106-107頁参照。

117

認を行ってきたが，参照した資料においては，生徒の非違行為に対する懲戒が一定の事前手続を経て決定されたと見られる事例は高校で一部見られるにとどまる。ただし，こうしたケースでもスミ塗りによる判読不明要素のみならず，判断と決定の妥当性を検証しうるようには記述されておらず，内容判断はほぼ不可能である。[127]こうした判断／決定のあり方が必要条件といえるのか，という問いもあろう。大半のケースは，懲戒の申渡しなどという方式を必要としない行為ではないのかと。しかし，これまで述べてきたことは，決定前提に関する一般的要件であり，このことはいかなる事実上の懲戒にも原則的に妥当するということを改めて確認しておく必要がある。個々の非違行為に対してどのように適用させるべきかは応用次元の課題に他ならない。誰がどのような資料と基準を用いて判断するのか，このことが予め承諾されていることは，決定における可能性を縮減する機能を持つ。本書が追求してきた有形力による懲戒には，決定前提の承認作業がほぼ欠如しており，このことによって非制限的で予見不可能な結果が生じているといえるのである。決定前提の承諾なき懲戒権の発動の現実については，一方では，本来的には懲戒対象とは考えられない児童生徒の行為に対して有形力を行使し，他方では，懲戒相当性のある行為に対して結果としてその処理が曖昧になったり事実上困難になったりするなど，いずれの面においても問題を含んでいるということはすでに指摘してきたとおりである。ただし，後者においては，この困難性にもかかわらず，決定前提に基づき児童生徒の反省を促しつつ，ある決定に至るという課題は条件なしに貫徹され

---

126) 羽山健一「懲戒規定の公開とその見直し」『月刊生活指導』学事出版，1993年12月号所収。
　羽山によれば，懲戒規定の公開根拠は「教育の直接責任性」(教育基本法第10条1項) に求められる。また，学校教育法施行規則第4条第1項第8号「賞罰に関する事項」が学則の必要的記載事項とされており，各学校の学則には必ず賞罰に関する規定を記載しなければならないこと，学則は概括的規定のため，各学校では学則の細則や運用内規を定めており，学則は法定表簿，「賞罰に関する事項」も同様であることから，懲戒規定や運用内規を非公開とする理由はない，とされる。なお，本書では議論の対象としないが，教育基本法の改正 (2006.12.15) により，第10条第1項の「国民全体に対し直接に責任を負つて」の文言は削除されていることに留意。http://osaka.cool.ne.jp/kohoken/lib/khk137a2.htm (2007／06／05)
127) 懲戒処分等でない高校の報告事例。本書注55) 参照。

ねばならないと考える。なぜなら，このことは当該児童生徒のみの問題でなく，集団構成員の予期形成に関わるからである。

　次に，事前手続とは，非違行為を行った児童生徒が予期構造を変換させて決定受容に至るためのシステムとして捉えられる。すでに見てきたように，告知・聴聞の法的保障については何らの規定もなく，出席停止に関しては保護者の意見の聴取と理由および期間を記載した文書の公布が義務づけられているものの，名宛人は保護者であり児童生徒ではない。事実の聴取りについては，児童生徒を被侵害者として位置づけているものが大半であり，実態上やむをえない面があるとはいえ，児童生徒自らの非違行為について明瞭な反省が記述されているものは稀である。聴取りの機会・配慮・記録が具体的に示されている事案はきわめて少なく，聴取りの技術・ルール・記録の作法も明確でない。児童生徒にあっては，自らの非違行為について，教員の指導・相互作用・教員の行為との錯綜した過程を想起しつつ表出することが重要であり，そうした表出が可能となる場の設定が求められる。もっとも，事案では，事実誤認・非違行為性のない行為・非違行為性の疑わしい行為も存在している。したがって，場の構成では，児童生徒と教員との非対称的関係のもとで自白の強要が生じることが排除され，事実についての抗弁が認められる工夫がいる。また，事案によっては，非違行為性が強度であると思われるものも存在している。しかし，ここでは児童生徒の行為が問題とされるのであって，全人格が問われるのではない，ということである。つまり人格的非難ではなく行為非難でなければならない。人格的な尊重を確保されることによって，児童生徒が自らの行為を想起しつつ，自律的な反省の契機を捉えることが保障されねばならない。そのことが，児童生徒の予期の構造的変換を促進し，決定受容に至ると考えられるのであるが，自らの発言の一貫性が決定の拘束力を強化することに繋がるという要素も重要である。

　被侵害者の側面からは，当該児童生徒にとって教員の非違行為は，大抵は予期に対する違背でもある（まさか，殴られるとは思っていなかった！）。この予期外れは，当該教員との関係や心身に対する影響を及ぼすことが本書の資料から

も見て取れる。児童生徒にとっては，先に述べた自らの非違行為の反省と教員の非違行為からのダメージを回復していく作業の両面が必要となる。このためには，当然にもこれを支える要素の供給が必要となる。以上，児童生徒に対する手続保障は，法益侵害と被侵害の両面から行われなければならないことが理解されよう。

第2節　教員の手続保障

本書が課題とする懲戒処分等の決定については，決定するものが自ら拘束される制約の存在がある。これは，具体的には懲戒処分にあたっての公正さや処分事由への制限に表される（地方公務員法第27条）。決定には，事後手続としての不服申立て（同第49条の2）や行政事件訴訟という法システムへの接続可能もまた包含されている。また，決定するものは，決定されるものに対して信用の失墜を非難する（同第33条）。これらは本書が設定してきたところでは，前者は，当該教員の予期形成に関わり，後者は，児童生徒・保護者を中心とした信頼に関わる。

まず，決定前提の受容に関わる要素として，判断機関・判断基準・判断資料が公正さに関わる問題となる。判断機関は教育委員会であり，判断基準は教職員懲戒処分基準であり，判断資料は事故報告書である。第一に，判断機関の確立については，教育行政としての独立性と同義ではなく，判断機関としての統一性・独立性・専門性を指す。統一性では，直轄管理領域と市町村教委による服務監督権のもとにある領域とが並存している現状がある。判断機関たる府教委が全事象を一括把握する立場になく，市町村教委による内申判断の基準は明示されておらず，市町村教委限りで処理された事案については把握できるものになっていない[128]。独立性では，事案の処理過程に関与する諸影響力が問題となる[129]。専門性では，本書が課題としてきた二つの非違行為性（児童生徒の非違行為，教員の非違行為）について，判断の要素に対応する専門的見識が求められる。第二に，判断基準の明示では一般的包括的規定にとどまったままであり，懲戒

処分等の量定の予見可能性からは疑義がある。第三に，判断資料については，事故報告書に統一様式はなく，要件・要素は不明確である。添付資料(当事者，関与者の聴取り調書，顛末書，診断書等）の要件なども同様であり，資料の収集の方法規定もない。

　次に，事前手続について検討する。すでに指摘されてきたように，告知・聴聞の内，聴聞は保障されていない。ただし，本考察からは，判断資料としての事故報告書の作成に係るプロセスが何より重要であると考える。当事者からの聴取り，保護者からの要求，関与者の限定，事実上の措置等に関する取扱い規定は皆無であり，当事者が課せられる義務の内容の限定が一切ない状態にある[130]。また，人権侵害言説で指摘したように，教員の人格非難に結びついている事例も見られた。行為非難を超える人格非難は，決定受容の意義の阻害要因となる。付言すれば，人事案件は通常非公開とされており，決定に係る論議・判断は不可視である。また，教員の権利から防御としての弁護権の保障の指摘もされていた。しかし，こうした決定の公開や弁護権は，判断機関・判断基準・判断資料の問題とも連動しており，これらとの整合性が求められると思われる。以上，決定前提の受容という面においては，公正という制約に照らして課題が多く，決定受容に結びつく実質的な事前手続の整備は喫緊の課題であると思われる。

---

128) このこと自身は，情報公開でやり取りした府教委の担当者自らがすべての文書が府教委に上げられてくるものではないと答えている。
129) 当然のことながら，議員による正当な活動やPTAが学習・啓発のために体罰を取り上げることなど，それぞれのルールに基づいての言動を問題としているのではなく，個別具体的ケースに対する処分への働きかけを問題としている。嘆願要求等の活動についても同様である。
130) 例えば，毎日謝罪を行えとの要求が出されたり，上下座して謝れなどというような匿名の電話が寄せられたりして，結果的に教員が子どもの多数集まる集会で土下座している例がある。

第3節　保護者の関わりと信頼

　保護者が教員の処分決定について直接関与したケースは見られない。しかし，処分に言及したケース，一貫して処分を要求したケースは本考察のとおりである。組織保護の一要因として不信処理を挙げたが，この不信の移行の主要因としては，伝達・相互作用・コミュニケーションに関わる瑕疵あるいは欠落にあった。そして，不信という選択によって処分要求に結実し，限界事例における決定の中に繰り込まれていることが，これまでの考察で明らかとなっている。また，児童生徒に関わる内容が保護者の不安を構成する要素にもなっていた。個別には，傷害の場合の費用負担や保険に関する処理，また，障害児の場合は，その行動特性やコミュニケーションの理解に関わることがあった。これらの内容は，保護者にとっても謝罪とともに聴取りが保障される中で把握される必要があるが，児童生徒の場合同様，統一した取扱いがなされていない。どのように取り扱われるのかの予測が立たない中で，期待外れが起こり不信への移行が観察される。以上の要素は，判断資料に基本的に反映される最重要なものであり，標準的な取扱いが求められる。こうした手続が実施されることが，保護者にとって児童生徒および教員への決定の間接的受容をも意義づけるものと思われる。

　以上をふまえて，先に示した判断機関・判断基準・判断資料および事前手続の現状把握をもとに，現行法のもとでも実効ある措置を考案することは可能であり，かつ必要であると思われる。そしてこのことは，事態が生起した場合の関与者の予見可能性を高めるとともに，不信をも構造化した信頼のもとに事態を迅速かつ公開性のもとに解決に導くという直接的意義を有するとともに，こうした措置を明示的に備えることが体罰の抑止に有効的に働くことが期待されるのである。以下，考察および批判的検討を通じて得られた知見から，次節ではいくつかの提起を行いたい。

第4節　若干の提起

1　決定前提要素

(1)　判断機関

①　児童生徒の懲戒：校長，職員会議，補導委員会等の権能の明確化

　児童生徒の懲戒決定についての職員会議の権能を明らかにすべきである。児童生徒の非違行為を認定し，処分を決定することは，校長一人のみにできることではなく，指導に関わる教員の集団的な審議が不可欠である。学校での判断に付随する機関の法的明確化が求められる。これらは，条例・規則のレベルで標準化を行い，それをもとに各学校が具体的な運用規定を明文化して公開するべきである。当然のことながら，補導委員会・職員会議の審議内容は児童生徒によって公開され，事実誤認がある場合には訂正が可能でなければならない。このことは実質的な異議申立てを保障することになると思われる[131]。

②　教員の懲戒処分：教育委員会の統一性・独立性・専門性の確保

　統一性では，判断機関たる府教委が全事案を把握することが必要条件である。直轄学校においては校長限りで処理されたもの，市町村教委限りで処理されたものを含むすべての事案が府教委段階で集約されること，およびこれに伴う市町村教委での内申基準の明示が求められる。このことは比較可能性を保障する。独立性では，外部影響によって，個別な事案の決定についての公平性や比例原則が侵害されてはならない。影響力を持つものとの接触の排除が困難であれば，そうした個別の働きかけについて，具体的に記録し公表を予定することによって，決定の妥当性を検証する機会が保障されると思われる。専門性で

---

131) 坂本秀夫『生徒懲戒の研究』学陽書房，1982年は，異議申立権について，懲戒処分決定に対する苦情処理機関として学校に対する勧告権を持つ機関が学校の外部に作られて良いと思われる，として教育行政機関から独立の，第三者機関でなければならないであろうとする。なお，暫定的には，PTA連合会・地域教育会議・父母教師の教育法研究会などの団体がこうした役割を担うことができるのではないか，と述べるが，こうした団体の構成要素からすれば，個別利害との関わりが排除しえるかなど公平性の点からは疑問がある。

は，判断資料に基づき判断基準を適用して決定を可能にすることが求められるが，ここでは二つの非違行為に対する判断がとくに重要となる。そのためには，法，教育，臨床心理等の専門判断が要請されており，法実務家・教育専門家・臨床心理士等の助言や援助が少なくとも措置されるべきであろう。

(2) 判断基準の明確化

児童生徒に関しては，懲戒の判断基準となる処分規定の標準化・明文化・公開が求められる。事実上の懲戒では，場当たり的でない公平な取扱いが求められる。[132]

教職員懲戒処分基準については，現在の包括的規定にかえて独自規定が必要である。これまでの府教委の決定（事案と判断）が客観的分析の俎上に挙げられ，今日的な全国における判断基準[133]，および具体的判断のあり方をもふまえ，量定に係る要件・要素がより明確にされるべきであろう。体罰概念の拡張と見られる暴言等については体罰に準じるものとしての処分規定が見られるところもあるが別途検討が必要だと思われる[134]。なお，人権侵害言説による処分等の量的相関を指摘しておいたが，他地域においてこの言説が実体化したかのごとき懲戒規定の存在が現れていることに注意しておくべきである[135]。ここでは，「体罰により，児童生徒の人権を著しく侵害した職員　減給又は戒告」となっており，この規定では，府教委の人権侵害言説ケースの大半は懲戒処分を免れないことになろう。判断基準に人権侵害という概念が混入されることのないよう留意されなければならない。[136]

(3) 判断資料の統一様式化

児童生徒の非違行為についても，懲戒を行う場合には，教員の非違行為同様，

---

132) 現実の教育現場では，蓄積された種々の技術が存在するであろうが，ここでは原理的な指摘にとどめる。

133) 学校教育法による禁止事項であり，公教育の標準性からすれば，基本的には全国統一的判断基準と具体的判断の標準化が求められる。

134) 横浜市の「教育公務員に適用する懲戒処分等の標準例・処分量定一覧」（平成16年7月13日）によれば，「侮蔑的な言葉等の精神的な侵害を内容とする不適切な行為については，この体罰の量定に準じて扱う」となっているが，判断基準との関係では不明確であろう。

事案の比較可能性，統計的把握のためにも事故報告書の統一様式化が必要である。児童生徒にあっては，事案によって侵害と被侵害の立場の両面が存在することになる。事態を混同することなく，両面からの記述が行われることが必要である。添付資料（当事者や関与者からの聴取り調書・診断書等）を含む要件・要素を規定すること。

2 事前手続の前提要素および事前手続

(1) 伝達，救護義務等の法的明確化

伝達は事前手続の前提である。原則として，当該教員および同席した者（現認した者も含む）に対して，まず，管理職への即時報告が義務づけられねばならない。保護者への連絡は，当該教員の第一義的責任である。また，学校としての連絡責任は管理職にあることから，これらが同時並行的になされる必要がある。児童生徒の救護義務は最優先に行われるべきであり，怪我の確認・医療機関への搬送・保護者への連絡も第一義的に当該教員が負うべきである。養護教諭や他の教員の協力を仰ぐにせよ，何よりも重要なのは当該教員の義務の履

---

135) ここでは，その一例として，長野県教育委員会「懲戒処分等の指針」(平成18年6月13日) を挙げておく。第3標準例 1．児童生徒に対する非違行為関係
    体罰 (1) 体罰により児童生徒を死亡させ，又は心身に重篤な傷害を負わせた職員　免職又は停職
    (2) 体罰により児童生徒の心身に傷害を負わせた職員　停職又は減給
    (3) その他体罰により，児童生徒の人権を著しく侵害した職員　減給又は戒告
    標準例とは，具体的な構成要件該当性の判断のはずだが，ここに抽象的に「児童生徒の人権侵害」が規定されている。「体罰は重大な人権侵害」という言説からいえば，ここでの規定は自己言及そのものであり，未規定といわざるを得ない。おそらく内容的には，(1)(2)の内容である結果としての死亡・傷害以外で重大とみなされるものを指すことを意図しているのだろうが，法的には錯誤の類であろう。なお，判断基準において，抽象的基準（不確定《法》概念）が濫用されることの危険性，あるいは発動の不全をもたらすことについての指摘として，阿部泰隆『政策法学の基本指針』弘文堂，1999年，129頁。
136) 人権侵害概念の混入は，判断基準を不明確にするだけでなく，二重の基準をもたらす危険性もある。
    例えば，障害を有する児童生徒に関わる事案が，障害／非障害ケースに二分法的に区分され，「障害児生徒への人権侵害」として単純化されて非難される場合などがそれにあたる。

行の明確化である。この点では，当該教員が授業や公務を理由に管理職への報告や児童生徒の怪我の確認・緊急処置・医療機関への搬送などの業務を行わず，他の教職員に任せて放置している例がしばしば見られる。第一義的安全配慮義務については徹底されることが必要であり，一般的な学校事故とは異なる厳しさが求められる。これらは，処分等にも義務違反として指摘されていることが見受けられるが，法的義務として明確にされなければならない。

(2) 児童・生徒の心理的ケア（教員の心理的ケアも含む）と学習保障

有形力の発動が結果するものとして，事案によっては心理的ケアが重要となる。アメリカの体罰事案にかかる思春期医療の観点からは，PTSDに類似した症候群として EIPSD (Educationally Induced Post-Traumatic Stress Disorder) が報告されている。この EIPSD は，鬱と不安の特有な症例の多様な構成によって同定されるが，こうしたメンタルヘルスの不均衡は，重大なストレスによって引き起こされ，被害にあった生徒には多様な症例が見られる。[137] 今回の分析からも，児童生徒の当該教員の忌避，登校困難などの症例が記録から指摘しうる。[138] 教員についても，心的不安症状が疑われるケースもある。[139] ここでは，子どもの心身についての専門的ケアと登校困難など学習の保障が重視されることは当然として，[140] 教員についても心身への配慮が求められることを，あえて補足しておきたい。

(3) 調査委員会の標準的設置

実質的な事前手続は，当事者からの聴取りを含む調査のあり方が重視されねばならない。判断資料の統一化そのものは内容の妥当性をただちに保障するものではない。調査が標準的に行われ，統一的文書が作成されることが判断資料の公正さを担保する。そのためには，標準的調査を担保するものとしての調査

---

137) Corporal Punishment in Schools, Journal of Adolescent Health, 2003, vol. 32, pp.385-393. ここでは，睡眠障害，疲労，悲嘆感情，自己価値の否定，自殺念慮，不安の発作，憤慨からの怒りの増大，攻撃性の爆発，友人関係の悪化，集中困難，成績低下，反社会的行動，学校当局者に対する激しい反感，身体の不調，学校忌避の傾向，中途退学，その他の否定的ハイリスクな思春期行動が報告されている。

第 8 章　手続保障と信頼

138) 体罰直後，学校から興奮状態のまま帰宅行為（ケース 9, 24, 56），教室からいなくなり職員で探す（ケース 3），登校困難（ケース26, 35），教員忌避（ケース26, 35, 59），心理不安（ケース39），目撃した生徒がショック受ける（ケース46）。判例においても，体罰後の児童・生徒の自殺が因果関係をめぐって争点になったケースにつき，今日的論点を見ておきたい。高橋大輔「教員の体罰による自殺と不法行為責任——体罰による自殺の予見可能性について——」坂田仰・星野豊編著『学校教育の基本判例』学事出版，2004年，92-99頁。
①最判昭和52・10・25判タ355号260頁
②長崎地判昭和59・4・25判時1147号132頁
③岐阜地判平成5・9・6判時1487号83頁
④神戸地判平成12・1・31判時1713号84頁

　①〜③については，懲戒行為によって自殺することを予見困難として，相当因果関係が否定されている。④については，予見可能性が認められたが，その理由として「子どもの自殺に対する知見」が判断基準として採用されている（①では，「相当の注意義務」）。この点について，高橋は，「子どもの自殺が社会問題となった中で当然に教師に求められる問題意識であり，教師としての相当の注意義務の範囲に含まれる」とし，本件においては①の判断基準が変更されたのではなく，「非違行為の有無」が考慮されたためとして，「突発型」体罰（③は「継続型」）による自殺の判断枠組みにおいて，予見可能性の肯定がありうること，児童に対する社会問題に対する教師の日常的意識が要求されることを示したという評価がなされている。ここでは，こうした相当因果関係の水準論議については，教育の場でどのように参照されるべきかが課題となる。注136)でのアメリカの報告や，本分析でも推察されるように（典型的には心理的興奮と混乱の中で学校から帰宅してしまうケース），体罰後の児童生徒の心身の安全確保が緊急性を帯びていることは否定できない。
　この点，ジェフリー・T・ミッチェル，ジョージ・S・エヴァリー（高橋祥友訳）『緊急事態ストレス・PTSD対応マニュアル』金剛出版，2002年，17-18頁によれば，危機における認知傷害について，認知の歪曲，皮質抑制症候群，あるいは，すっかり落ち込んだ状態などと表現されてきたものにつき，「これは危機状態にある人が，『非合理的』で『非論理的』な行動を起こすことの理由でもある。犠牲者（被災者）が呈する一般的な認知の誤りとは，危機的状況において自らの行動の結果を理解できないということである。したがって，危機にある人はひどく衝動的な行動に及んだり，しばしば自己破壊的な振る舞いをするように見える」と述べる。ここで危機とは，「ある出来事に対する急性の反応であり，次のようなことが生じる。心理的バランスが崩される。個人の通常の対処機制がうまく機能しない。苦悩，機能不全，障害を示す症状が生じる」とされる。また，心的外傷後ストレス障害については，心的外傷後に以下の3つの特徴的な症状が生じた場合にPTSDの診断が下されるとして，「心的外傷を繰り返し思い出す。生理的過覚醒状態を呈する。鈍麻，引きこもり，回避といった症状を呈する。心的外傷体験は身体的な外傷や死が現実に起きたり，そのように威嚇されたことに密接に結びつき，強烈な不安，恐怖，絶望感が生じる」が挙げられている。このような事態に対して，危機介入としての心理的援助を行う必要性が生じる。
　こうした医学的・心理学的見地の論議をも参照しつつ，学校での固有の蓋然性判断を求めていくことが必要であると思われる。
　関連する文献としては例えば，森茂起編「トラウマの表象と主体」新曜社，2003年，ジュディス・L・ハーマン（中井久夫訳）『心的外傷と回復』みすず書房，1999年。

委員会が設置されることが必要となる。
　児童生徒の非違行為についての調査は，判断機関の項で触れたように，補導委員会等が当たるものと想定される。そこで，こうした補導委員会の調査内容および限界について明示されるべきである。これに加えて次に述べる調査委員会の聴取りが加わる。調査委員会の要件としては専門性が挙げられる。この点では，既設されている調査委員会等では機関や団体の推薦によって委員構成されるものが見られるが，専門性判断が可能かどうかの検討が必要であろう。学校の日常的業務に加えて校内でトラブルが発生すると，管理職も一般教職員も対処に忙殺されることが通例である。本書資料からも，当該教員が管理職や同僚に対し迷惑をかけた旨の反省を示していることが多々うかがえる。事案の迅速かつ適切な処理を考えれば，調査委員会は当該学校長を責任者とし，法・教育・臨床心理学等の専門性を重視して構成されることが望ましい。その機能は，当事者・関与者・現認者等からの聴取りを行い，その事実を調査報告として統一的に記述することである。必要性に応じて，この調査委員会がその他関係者（例えばPTA）からの意見を聴取するものとする。保護者やマスコミ等への対応は，学校責任者として校長が行うにせよ，調査については調査委員会の権能として実施することで，この調査に基づき必要な説明を適宜行うということにより処理の段階を明示し，情報提供の正確さを保障し，管理職・教職員の負荷を軽減することにもなる。調査報告書の要件・要素は標準化が図られるべきである。また，添付資料としての診断書や顛末書（例えば，ささいなことのようだが，反省の真摯さの検証のためにも，当該教員の自筆を原則とするなど）につい

---

139) 体罰後，休暇を取り始めた（ケース31），一時居所不明，年休，病休？（ケース32）では，この教員は，「私自身が精神的に不安定な状態になってしまい」と述べている。
140) 事例を見ると，スクールカウンセラーが関与しているケースが見られる。ただし，個別市町村の判断によるものであり，府全体の認識に至っているとはいえない。
141) 羽山「懲戒規定の公開とその見直し」は，生徒の言い分を十分聞くこと，長時間の聴取・威圧的詰問の禁止，聴取に当たって，緊急の場合以外は，授業を受けさせないことは許されないとし，懲戒規定への明記をすべきという。
142) 札幌市立学校体罰事故調査委員会設置要綱，注63）参照のこと。

ても同様である。調査委員会の設置や調査報告書については，大阪府が直轄学校への導入とあわせ，市町村へのガイドラインを設定し，同時に，制度的・人的なサポートを行うことが効果的である。調査報告書については，当事者による閲覧・訂正要求が組み入れられることを要する。訂正要求が入れられないところでは，意見として付されることを要件とする。訂正要求については，情報公開・個人情報保護の先取りとして考えれば，費用対効果には説得性があろう。

3　信頼要素に関わって

　児童生徒の非違行為に対する学校側の措置がどうとられるのか，信頼／不信はこうしたことからも生じる。児童生徒の行為によって侵害を受けたもの，事態を知覚したもの，あるいは一般の児童生徒，保護者の期待に関わる問題でもある。これらの情報開示には，児童生徒のプライバシー保護との関わりがあることから，開示基準の設定が求められる。

　教員による非違行為については，不信の構造化が課題となる。伝達・相互作用によって不信に移行させることのないように，学校・市町村教委・府教委その他について，通報・連絡・相談窓口を機能的に等価にし，権力資源の動員ではなく，専門見地からのアドバイスや先に述べた調査委員会での取扱いへの誘導が行われるべきである。調査委員会における保護者とのやりとりでは，教員の公開謝罪や担当変更要請が出されることも予測され，学習保障の観点からも対応が迫られる。長期に及ぶ担当変更等については職員配置の必要性も考慮されねばならない。こうした内容を前提として繰り入れることで，当事者の安

---

143) 当該教員の顛末書については，手書きのもの，ワープロのものなど，色々である。手書きのものでは，書きなぐったようなもの，極めて形式的なもの，誤字の多いもの，府教委の便箋が使われているものなどが見られ，ワープロ作成のものでは，学校の報告書とほぼ同一な内容のものなど，およそ，反省のあり方に疑問が呈せられるものもある。字の上手・下手の問題ではなく，当然にも真摯さと丁寧さが伝わることが必要であり，そのためにも切り貼りのできない自筆での文章化が原則とされるべきであろう。

心を担保することが可能となろう。さらに，治療にかかわる医療費支払いや独立行政法人日本スポーツ振興センター法との関わりなども統一的処理が検討されるべきであろう。身体的・人格的損害に対する賠償請求については，本来，調査委員会そのものの権能とは別であるが，本書の考察からの方向性としては，被害者と当事者教員との民事上の関係（民法第709条：不法行為）に収斂させることなく，国家賠償を基本にすることを前提に，斡旋・調停機能を付加させることも考えられる。[144)]

　以上，決定前提における公正確保，事前手続に先行する伝達，救護措置，事後措置としてのケア，これらは，実質的事前手続が充実かつ円滑に進行するための重要要素である。事前手続は，時間・テーマを制限することによって，不可逆性を原則的に保障し，学校の実態に見合った判断資料の作成へ誘導が可能である。不信を構造化させることは，教育システムの信頼強化に寄与することが期待される。

144）国家賠償を基本にする際には，求償権行使の条件を明確にする必要がある。本書注24)を参照。

おわりに

　本書を締めくくるにあたり，研究の意義を再確認しつつ，残された課題について述べておきたい。本書は，大阪府教育委員会という一教育行政領域を単位とする5年間にわたる行政文書を観察することによって得られた知見に他ならない。同じ大阪府内にあって政令指定都市である大阪市の行政文書は対象から除外している。これは，分析対象となる行政文書の公開条件が異なることによるものである。より一般的な知見を得るためには他地域との比較検討が望ましいが，そのためには，地方公共団体における情報公開制度とその運用状況が鍵を握る。その相違を分析条件に組み入れるならば，より豊かな分析と結果が得られる可能性があろう。本書は，情報公開制度そのものについての考察を目的としてきたわけではないが，市民による体罰チェックの観点からも，情報公開・情報提供がより進められるべきであり，公開基準の論議を求めたい。また，本書の分析以外の府教委の体罰に関する施策動向については十分な把握ができているわけではない。ただし，現在のところ，本書が提起した手続保障の観点が明確に意識され，論議の対象となっているという認識にはない。[145]

　法実務家等による体罰暗数論については，以下のように考える。行政文書の分析・公開によって，記述されざる事実上の体罰を照射しうる可能性が与えら

---

145) その事例の一つとして，府教委が導入した「児童・生徒のための『被害者救済システム』」が挙げられる。ここでは，各機関に寄せられた相談や報告内容を受け，子どもの立場に立った解決を図るとして，府教委内に設置し運営する「連絡調整会議」の要請を受けた「個別事象対応チーム」（弁護士，精神科医，臨床心理士等の専門家と府教委で組織）が解決に向け，学校の取組をサポートするとしている。本書で提起した「調査委員会」の専門的分析の趣旨を含むものではあると思われるが，「被害にあった児童・生徒の立場に立った，より適切な対応と救済を目的として運用します。職員の処分を厳しく行うために導入するものではありません」と述べられており，その目的が児童生徒および教員双方の手続保障を包含しているのか，実際の機能がいかなるものか，については検証していくことが必要であろう。

れ，構成されざる事態を改めて体罰へと構成していく契機となる。こうした作業と社会調査がクロスされれば，行政データは氷山の一角に過ぎない，との懐疑傾向にも終止符を打つことができる。なお，本書が分析対象にしてきたサンクションは，教員による有形力の行使という事実上の懲戒と当該教員への懲戒処分等という固有性に焦点に据えたものである。したがって，これらの提起に対しては，教員の非違行為および懲戒処分全体との均衡や整合性，あるいはコスト論議が予想される。これらの異議については，体罰の実定法上の違法性根拠および児童生徒への懲戒としての機能を有することの二重構成の独自性，全国的な動向への対応，コスト論では統計的処理やスタッフの集約化・専門化による対応によって節約可能であろうと思われる。現在の見通しのつきがたいコストの削減を思えば，より公平かつ効率的であるという判断にも立ちうる。ただし，こうした論議は，本来的には全国的な基準化そのものの課題であるということを指摘しておくべきであろう。

　最後に，本研究の射程について述べておきたい。それは，学校の自律性および危機管理との関わりについてである。従来，学校という場は，法的規制に対して懐疑的であり，職場の自律は教育の自由によって保障されるべきであるとする考えが主導的であった。[146] そのもとでは，自らが拘束される手続が真剣な論議の対象となることはなかった。しかし，今日，学校において生起する児童生徒に関わる権利侵害事象や教職員の権利および教育権能に関わる事象は複雑・多岐に渡り，そこからはじまる相互作用やコミュニケーションを処理するのには高度な統制能力が必要となってきていることは否定しがたい現実である。こうした対処への困難性が，教職員の労働と責任への心的負荷を増大させているのではないかと推測させるデータが報告されている。[147] 教職員の指導能力の向上，人権意識の高揚，さまざまなマニュアルをより臨床的で実践的なものに改善していくための開発は進められていくべきであろうが，一方，労働契約の観点からの権利義務，学校および教職員の権能などの法的関係についての議論が並行的に行われていくことがなければ，学校は建前化か，さもなくば疲弊化の二元化へと引き裂かれていく危険性がないわけではない。本書での観察にも見

おわりに

られるように，人権に関わる言説は人権保障を必ずしも意味するものとはいえ
ず[148]，また，マニュアルそのものは，相互作用やコミュニケーションを直接的に助けてくれたり整序してくれたりするわけでもないからである。適正手続に期待されるのは，アクシデントの中で当事者・関係者を拘束し，時間とテーマを制限することによって通常の業務の継続をできうる限り保証するとともに，公正で妥当な解決をめざすことに他ならない。そして，このことをふまえた決定に至るあり方は，教育システムの相互作用・コミュニケーションとして回帰されることで，教育内容・方法への反省を迫るとともに，児童生徒および教職員の権利保障にも寄与するであろう。こうした作用は，学校がより自律的に課

---

146) その典型的なものとしては，「国家の教育権／国民の教育権」のいわゆる国民教育論と，「外的事項＝教育行政／内的事項＝学校」という内外区別論である。これらは，いずれも二分的発想に貫かれたものであった。実践的には，勤務評定反対闘争，学力テスト反対闘争等の管理体制強化に反対する日教組等職員団体の運動として現象したが，法的には学テをめぐる最高裁判決によって一定の決着が付けられた。本書では，詳述する余裕はないが，この判決をメルクマールとして，「教育権」をめぐる大きな物語は終焉し，学校と生徒・保護者をめぐる個別紛争が生起する時代を迎えることになる。体罰に関する法的紛争の増大もその一環である。以下，この最高裁判例を簡単に紹介しておく。
　最大判昭和51．5．21「旭川学力テスト事件」（刑集30巻5号615頁）。本判決で，最高裁は，子どもの学習権に論及した。「子どもの教育は，教育を施す者の支配的権能ではなく，何よりもまず，子どもの学習をする権利に対応し，その充足をはかりうる立場にある者の責務に属するものとしてとらえられているのである」とし，教員に「一定の範囲における教授の自由が保障されるべきこと」，親の教育の自由も「主として家庭教育等学校外における教育や学校選択の自由にあらわれるものと考えられる」とし，国についても「教育内容に対する国の正当な理由に基づく合理的な決定権能を否定する理由となるものではない」とした。なお，本判決以降の裁判例の動向については，成嶋隆「最高裁学テ判決以降の教育判例の展開——教科書判決を中心として——」『教育法学と子どもの人権』所収，24-52頁を参照のこと。

147) 文部科学省によれば，平成18年度の教育職員の精神性疾患による休職者数は4675人で病気休職数に占める割合は61.1％にあたる。平成8年度では1385人（36.5％）であり，ここ10年で約3倍に増大，病気休職者に占める割合も大幅に増加している。こうしたデータとの相関関係や因果関係は明らかではないが，昨今，学校へのクレームとそれに伴う学校での対処が話題になっている。例えば，小野田正利『悲鳴をあげる学校』旬報社，2006年や，本間正人『モンスター・ペアレント』中経出版，2007年など。約10年前に出版された大原健士郎『「職員室」の心の病』講談社，1997年においては，こうしたクレームの存在による教員の心的な負荷については取り上げられていない。なお，初出は，「教職研修」1993年12月〜1997年3月。

題を処理していくことへの機能向上へと繋がっていくのではないか,と思われる。ただし,これらの諸点は近代公教育に係る独自の構造論を基礎に教育の法化／自律をテーマとしてきた先行研究との関わりを有している。[149]

学校の危機管理の概念は論者によって異なり,また行政実務によっても定説があるとはいいがたい。しかし,少なくともその根幹が児童生徒および教職員の生命・身体に対する侵害を予防・抑止し,それらが生起した場合の被害を最小限にとどめ,信頼をも含む被害からの回復を図ることにある,ということには異論がなかろう。この責務を担うのは,学校の設置者および服務監督権者ならびに学校である。したがって,本書との関わりでは,権利・義務・権限・手続等という法的概念が学校の危機管理の基礎に明確に位置づけられることなしに,学校における包括的な危機への対処を期待することは困難であろうということを強調しておきたい。本書の出発点は,もともと教育法をめぐる紛争研究にあった。この点では,法的紛争の予防・処理を危機管理の文脈に位置づけて組成し直すことも可能であろう。本研究をその橋頭堡として定置し,次なる研究へと踏み出していきたい。

---

148) 本書では,人権教育の理論および実践を考察の対象にしていない。なお,筆者としては,人権教育における人権概念についての法的検討の必要性を感じている。また,裁判員制度に見られる国民の司法参加の動向をも踏まえ,論理的思考力・判断力などを育成し,法の機能を学ぶことを目的とする法教育が義務教育段階でも望まれる。
149) 馬場健一「社会の自律領域と法――学校教育と法との関わりを素材に――(一)(二・完)」法学論叢127巻5号62-85頁,128巻3号51-69頁。ここでは,トイブナーが提唱するという「自省的法」(手続・参加保障規範としての法)の議論が取り上げられ,「教育作用の自律性の保障を教育内在的な自治規範と原理作用のみにたよることには限界があるのであって,教育外在的な法の,本論でいう自省型の関与が同時に求められているというべきである」と結論づけられている。なお,馬場健一「法化と自律領域」棚瀬孝雄編『現代法社会学入門』法律文化社,初版第8刷,2000年では,学校教育の領域における教員による体罰等の生徒の権利侵害を抑止するため法が役割を増大しつつあるとして,法化論の観点から多様なアクターがさまざまに相互作用する中から解決の道が採られている,と述べられている。児童生徒の権利侵害を抑止するという観点からみれば,この指摘は妥当なものといえようが,児童生徒の懲戒における手続保障の現状および教員等に対する非難可能性をめぐる過程の観察からは,手続なき相互作用の問題を指摘しておく必要があると思われる。

資　　料

[資料1]　大阪府教職員懲戒処分等に係る体罰事案の概要（2001～2005年度）
[資料2]　児童生徒の非違行為と教員の非違行為〈教育活動類型〉
[資料3]　有形力の発動に至る児童生徒の態度等と指導の意図
[資料4]　ケース31　PTAの機能
[資料5]　人権侵害等への言及（抜粋）

＊なお，[資料1～4]は，行政文書から再構成したものである。文章は簡略化したものがあるが，筆者による判断は付加されていない。

[資料1] 大阪府教職員懲戒処分等に係る体罰事案の概要（2001～2005年度）

No.	年度	学校種別	年齢・性別	生徒の行為	教員の行為	処分等	民刑関係
1	2001	工業高校	48 男 教諭	3年 男子 日ごろから生活態度が悪く, 喫煙行為をした。	左頬を右平手で1回叩き, その結果, ●の傷害を負わせた。	文書訓告	
2		府立高校	45 男 教諭 性別は新聞報道。兼任する非常勤講師としての事案。	2年 女子 授業中, 携帯電話を使用した。	右平手で左顔面を●回叩き, さらに, 右手甲で右顔面を●回叩き, その結果, 加療約●間を有する傷害を負わせた。	文書訓告	罰金10万 裁判上の和解
3		中学校	42 男 教諭	1年 男子 授業中, 命を軽視する発言をした。	右手にもっていた金属性の●の壁掛け棒（長さ150cm, 直径11mm）を投げつけた結果, 当該生徒を含む3名の男子生徒にあたり, うち, 1名の右前頭部に全治●間の●を負わせた。また, 発言生徒の胸もとを掴んで, 教室の後ろに連れていき, スチール製の掃除用具に2, 3度押し付けた。	減給1月	
4	2002	小学校	? 男 教諭	6年 男子 教員をからかった。	同児童を捕まえようとして, 左手でTシャツの襟首を掴んで, 引っ張ったところ, 右肘から地面に倒れ, 左肘部●と頚椎●の傷害を負った。	市教委による服務上の措置 ?	和解
5		府立養護学校	39 男 教諭	中等部3年 男子 知的障害 音楽室に移動する約束をしておきながら, 約束の●になっても動こうとしなかった。	移動を促したところ, 同生徒は興奮し泣き始め, この興奮し暴れるのを静止するため, 背後から片手を首に巻き, もう一方の手をわき腹に回し, その状態で音楽室まで連れ	厳重注意 口頭	

136

資　料

				て行った。この結果，左右の首筋にそれぞれ●程度の擦り傷を負わせた。		
6	府立養護学校	？　？中学部教諭	中学部1年　男子授業中，前に座っていた女子生徒を突き飛ばし，指導後，再び，他の生徒を突き飛ばす。	同生徒の行動を制止しようと咄嗟に後ろから右手首を掴み，後ろ手に内側に折り曲げるようにねじった。その結果，●手首付近の●骨折に至る。	文書訓告	
7	府立養護学校	？　？小学部講師	6年　男子知的発達遅滞部屋の隅のダンボール箱にマッチで火をつけた。	当該児童の左頬を平手で2回叩いた。	厳重注意口頭	
8	府立養護学校	50　女40　女高等部教諭2名	中等部2年　男子授業後，高等部生徒の靴の履き替えを介助していた教員の左足首あたりを4.5回蹴った。	①当該生徒に対し厳しく注意し，謝罪を促したが，笑ってばかりで反省の様子が見えなかったため，左右の頬を平手で●回叩いた。しかし，相変わらず笑ってばかりで，右足首あたりを2.3回蹴ってきたので，再度，生徒の左右の頬を平手で●回叩いた。②●教諭が当該生徒に蹴られたため怒っている声を聞き，●教諭と一緒になって厳しく注意し，謝罪を促したが，当該生徒が笑ってばかりで，反省しているように見えなかったため，左頬を平手で●叩いた。さらに中等部の教諭が生徒を教室につれていこうとしていたにもかかわらず，●付近で左頬を平手で●回叩いた。	2名に文書訓告校長に厳重注意口頭	

9	府立高校	46　？教諭	① 1年　男子生徒が，教員の会話に割り込み話しかけた。その際，生徒の持っていた風船が割れて大きな音がした。謝罪するよう指導したが，無視して立ち去ろうとした。 ② 2年　女子体育祭で行われる大縄跳びの練習中，自分のクラスの番でもないのに跳んでいるところを再三注意された，一旦止めたが，また跳んで指導に従わず逃げた。 ③ 2年　女子授業妨害発言	①当該生徒の両肘を持ち別の場所に連れて行こうとしたが，文句を言われたことなどに激高し，自分の右足を生徒の左足にかけるとともに，両腕をつかんだまま引き倒し，床に押さえつけた。その結果，●を要する左親指●骨折の傷害を負わせた。 ②生徒の肩を突き，転倒させ，腰に全治●の傷害を負わせた。 ③冷静さを失い，後方の黒板に向かってボールペンを投げつけた後，教員に向かってきた生徒を繰り返し強く押し返したことにより，生徒は膝から倒れ膝に擦り傷を負った。	減給1月校長に文書訓告 ①②③同一校長 ②③府教委に報告なし。	①につき罰金30万②につき新聞社取材母親と生徒本人が被害届提出関係教員4名の事情聴取，現場検証
10	中学校	54　？教諭	3年　男子授業中，教員の説明をよく聞いておらず，注意を受けていた。●では，指示された方向に動かず，他の生徒の動きを妨げ，後も修正されることなく更に故意に他の生徒の妨げとなる行為を繰り返したため，注意を促し指導されたが，ふてくされた態度であった。	頬を右手で2～3回往復殴打した。その時，生徒が顔をそむけ教員の手の指が生徒の鼻を引っ掛けた状態になり，鼻から出血する。鼻骨骨折。●室に移動し，鼻時の手当をする時も反省の態度を見せず，ふて腐れた態度をとり続け頭を1回たたき，足(大腿部)を蹴る。	市教委による服務上の措置？ 前歴 平成7.9.28 文書訓告	

資　料

11		中学校	36　男 ●部顧問 教諭	●部の部員 部活動指導時中学校校内及び対外試合先	・顧問を務める●部の部員に対し，練習中や試合時手抜きを行った者には手を出してよい旨の指導を行っていた。平成14年，3年の部員が2年生と3年生の部員を叩いたが，それを見ていたにもかかわらず容認した。 ・平成12年に体罰を行い校長より指導を受けていたにもかかわらず，平成14年，反復練習をしようとしなかったなどの理由で，2年生3名の頬を叩いた。	戒告	
12		小学校	?　男	6年　男子 昼休み時間，同級生の髪の毛を引っ張ったり，牛乳瓶の口を首に押し付けたり，頭をたたいた。	立腹し，冷静さを失い，児童の頭髪をつかんで前後に揺さぶり，身体を押したところ，児童は教室内の水槽で頭部を打った。その後も，顔面を左右の平手及び手拳で複数回殴打したため，児童はよろけて手足を床について倒れた。さらに，起き上がった児童の頬を再び平手で殴打し，床に倒れさせた。その結果，児童は頭蓋骨にひびが入る等の傷害を負った。	減給1月	罰金30万略式命令
13		中学校	42　? 教諭	2年 学級活動の授業で，宿泊訓練の感想や反省をあまり書かず，教室内を歩いたり，暴言を教員に浴びせたりしていた。●の時間，教室及び廊下前で指導が繰り返	本人の怪我とガラスの破損を防ぐため，また，それらの行為を止めるために，生徒の腕を持ち，左足首に対し右足裏で足払いをした後，倒れている生徒の背中を右足の甲で1回蹴った。尻や背中に●。	厳重注意	

139

				し行われたが，反抗的な態度を取り続けた。さらに，指導に対してイライラしだし，教員に暴力を振るう構えを見せた。その思いを窓ガラスで叩く行為であらわした。			
14	中学校	46 ？ 教諭	3年2名 文化祭の練習中	両名が悪ふざけをしていたと考えて，注意するために，1名に対し左頬を平手（右手）で●回叩き，足払いを掛けて転倒させ，その後平手（右手）で●回叩いた。また，ほか1名についても左頬を平手（右手）で●回叩いた。	文書訓告	
15	中学校	55 ？ 教諭	①1年 男子 授業終了後，教室前廊下でライターに火をつけていた。 ②3年 男子 ●の予行中，暴言を吐きながら，教員の胸もとを掴んで押してきた。 ③1年 男子 筆記用具の貸し借りの行き違いから，同級生男子生徒に暴言を吐き，その行為を注意した教員にも暴言を吐き，自分の●を壁にぶつけて教室を出ようとした。	①ライターを渡すよう話したが，生徒は渡す様子がなく，生徒の腕を引っ張ったところ生徒が教員の足を蹴ってきた。そこで生徒の左頬を殴打した。 ②生徒に殴られると思い，その頬を殴打した。生徒も教員の腹部を殴打した。 ③生徒を阻止するため上着の襟首を掴み机の方に押し付けた。生徒は殴られると思い，教員の腹部を殴った。それに腹を立てた教員は右手握り拳で生徒の左こめかみ辺りを殴打し，●と●を負わせた。	文書訓告 校長に厳重注意	

資　　料

16		小学校	45　?	6年　男子 図画の完成していない児童は手を上げるように言われたが、机上に肘を突いた状態にもかかわらず「手を上げている」と言い張り、教員がそれは『手を上げたとはいわない』と指導すると「うーん」とか「ふーん」と返事した。	児童の机を蹴り、着席状態の児童の机と椅子がそのまま後ろに下がり、児童は後ろの収納ボックスで背中を●した。その後、教員が「今なんて言った」と問うと、児童は「はい」と答えた。すると教員は、「はいと言ってないやろ」と言いながら机を手でよけ、児童の両あごを持ち、自分の顔の高さまで持ち上げながら手を放し、床に落とした(●回)。この際、左足首を●した。そして右手で左頬を平手で●回叩いた。児童によると、この後、髪の毛を持ちひっぱった。	文書訓告	
17	2003	中学校	49　? 教諭	1年　男子 授業中　廊下	非常勤特別嘱託員の「待ちなさい」という声で、生徒がエスケープしようとしていると思いこみ、大声で「何をしているんだ」と生徒を壁に押しつけ、平手で数発顔や背中を叩いた。	文書訓告	
18		小学校	?　男 教諭	養護学級在籍児童 授業に約20分遅れて入室。「忘れ物を取りに行く」と言って教室をでようとし、他の児童にとめられたので興奮。他の児童と雑巾を投げあう。	雑巾を取り上げると、児童は声を出しながら席から立ち上がろうとしたため、後ろから児童の左脇下に左手を入れ、児童の右肩を右手で上から強く2,3回押さえつけ、座らせようとしたが嫌がって何度も立ち上がろうとした。苛立ちと焦りから冷静さを失い、「いい加減にしろよ」という気持ちになって、生徒の左脇をかかえ、後頭部を右手	戒告	

141

					でわし掴みにし、「顔面」を机に打ち付けた。その結果、上の前歯が●する障害を負わせた。		
19		小学校	55　？ 6年担任 教諭	6年体育の授業中、他の児童が片づけをしているマットに乗って遊び、教員の指示に従わなかった。	「何している。遊ぶな」と言って、走りながら児童に近づき、斜めに持ち上がっているマットの下から1回腹部の辺りを蹴り上げた。その後、児童を抱え上げ、仰向けの状態で110cm位の高さから、床に置かれたマットの上に投げ落とした。そのとき、身体全面が同時にマット上に落下したが、マットの縁の部分で頭を打った。	文書訓告	
20		小学校	55　男 2年担任 教諭	4年生　2名　遊びの場所とりで2年の児童3名に乱暴な行為を働く。	1名に対し、お尻を右足で蹴る。もう1名に対し、お尻の辺りを●回蹴り、左頬を●回たたく。その後、他にも関係する児童がいることを事実確認した際、教室の後ろから大声で発言した児童に対し、右手で首筋をつかみ前に引きずりだし、泣いている児童の手を乱暴に払いのけたり、胸倉を持って後方へ突いたりした。	戒告	
21		府立高校	49　？ 教諭	①3年　女子　授業中、注意をされ、帰ろうとして自分の携帯電話を貴重品袋から無断でもちだそうとした。	①「勝手に手を入れるな」等と言って、右手で生徒の後ろ髪を掴んで引っ張り、●の扉に生徒を押し付けた。さらに、指導するため連れて行く際にも、生徒の髪の毛を掴んで引っ張った。	戒告 平成10 文書訓告	

資　料

			②3年　男子 考査の答案を回収している時, 指示に従わず帽子をかぶっていた。試験終了後, 呼び出し指導したが, 態度を改めなかった。 ③　女子 無断で帰ろうとして指導される。	②右平手で生徒の左頬を●回叩き, 口の中を切る障害を負わせた。 ③生徒の言葉に立腹し, 頭を平手で●回叩いた。		
22	府立高校	？　？ 非常勤講師 部活動コーチ	2年　部員 指導方法への不満を言う。	「なんや, 何か文句あるんやったら言え」と言ったところ, 生徒が「先生の声の掛け方が悪いんすよ。他に声の掛け方があるでしょ。」と言ったため, 立腹し「そこにたて」というや否やいきなり, 生徒の左頬を右平手で叩き, さらに髪の毛を掴んだまま3, 4m引きずり, 拳骨で生徒の頭を●回叩いた。	文書訓告	
23	中学校	46　？ 教諭	2年 スポーツテスト開始に伴う運動場での整列の際, サブバックを持ってくるのを忘れた。	「サブバック忘れた」と答えたことに対し, 「人の話をしっかり聞いているのか」と言い, その場で右拳で前頭部を殴打した。外傷はなし。さらに, 何故叱られているのかを理解していないと思い, 返す手で, 下から右拳の甲の部分で右眉毛の端（外側）を殴打した。払うような形になり, 拳の小指の部分が眉毛の端の骨の部分にあたり, その箇所が青くなった。	文書訓告 校長・教頭に厳重注意 関係者2名に所属長注意	

143

| 24 | | 小学校 | 52 ？
教諭 | 4年●を着用するよう指導されていたが，再三の指示に従わず，教員の手を払いのけて拒絶した。 | 何度も着せようとしてが，そのつど抵抗され，教室内では机や窓に当たると危険だと察し，児童の衣服の首筋辺りを掴んで廊下に出し，防火扉まで引きずっていった。児童は立とうとしても立てない状況で斜めになっていた。このとき，児童の頭を●回平手で叩いた。防火扉に押し付けるようにして●を着けさせようとしたが，手を振り払って従わなかった。こうした行為を繰り返して，児童を●回防火扉に押しつけた。このとき児童は頭を防火扉の部分で打った。さらに，児童を引き倒して馬乗りの状態でひざで腕を押さえつけ，●をつけさせようとしたが，指導に従わなかった。このとき児童の頭を平手で●回たたいた。頭や頬を叩いたり，防火扉に背中を押し付けたりした。その後，●を着させることを断念，教室に戻し着席させ●を片付けるように言ったが，児童が●を足元に投げ捨てた様に見えたのでその態度に対し頬を平手打ちした。児童はその後教室をでて，校内にもいなかった。 | 文書訓告 | |
| 25 | | 小学校 | 54 ？
教諭 | 6年
宿泊行事の際，係りの仕事ができていなかった児童5名がみんなの前で | それに気づいた教員が，「態度が悪い」といって，右手の甲で児童の右頬を叩いた。叩かれたとき，押されたような形にな | 文書訓告 | |

資　料

				反省の言葉を述べていたが、順番を待っていた児童が隣の児童に「あそこの席が空いている」と話しかけた。	り、よろけたはずみで左横にあった食卓に左足がひっかかりそうになったので、身体を左側にねじって食卓をよけようとしたところ、右足のすねの部分が食卓の右側の角にあたり、すねの肉が少しえぐれたような状態になった。(●針縫合)		
26	小学校	？　？ 教諭	養護学級在籍 広汎性発達遅滞 級友のランドセルにつばを吐きかけた。	この行為を止めさせようとして左頬を●回叩く。	文書訓告 校長に厳重注意	
27	中学校	44　男 教諭	2年 ●の件について、指導を受けるため立っていた。	他の教員から生徒の●の件を聞かされ、「またか、どうなってんねん！」と言いながら、胸倉をつかみ、右の拳で鼻部を●回、左頬を●回殴った。その後、殴られたはずみで倒れ、しりもちをついた状態の生徒の左肩、腹部付近を右足首の内側で●回けった。その結果、入院加療及びその後の通院加療を要する傷害を負わせた。	停職3月	警察から学校に「保護者から被害届け出た」と連絡。
28	中学校	41　男 44　女 47　女 教諭	1年　男子 1年　男子 1年　男子 級友にいつも便所掃除をさせる行為をした。	この件を「いじめ」であると考え、事実確認する中で平手で頬を●発、頭部・額をこぶしで●発たたく。続いて、もう一人の生徒に対して事実確認をするなかで、平手で頬を●発、頭部・額をこぶしで●発たたいた。さらに、同様にして、三人目の生徒に対して事実確認をするなかで、平手で頬	文書訓告 厳重注意 所属長注意	

145

				を●発，頭部・額をこぶしで●発たたいた。立ち会った教員は，阻止せず。担任は，これらの事実を知らされておらず，いじめについてのみ保護者に連絡する。		
29	中学校	46 男 教諭	1年　女子 1年　女子 授業中，窓際に座っていた生徒が，グランドで体育の授業を受けていた他のクラスの生徒に声をかけた。	「他の授業を邪魔したらあかんやろ」「いつも言ってるやないか」と口頭で注意するとともに，平手で生徒の左側面の位置から数回ずつ後頭部を叩く。最初に叩かれた生徒が，叩かれた勢いに首をすくめたのが合わさって，机に顔から強打し，右前歯●その横の歯●。	文書訓告	和解
30	府立工業高校	42 ? 教諭	1年　男子 説明会に1分ほど遅れて入室。教員の「今，何時だ」との問いに携帯電話を出し，「●」と答える。	言い方や態度がいい加減であったので，右頬をビンタした。そのあと，「やるきがあるのか。●やる気がないなら帰れ」と叱り，生徒は退室した。	厳重注意	
31	小学校	47 女 教諭	2年　男子 女子児童の足を蹴った。	「なんで人の足を蹴ったりしたの」となどと言って，足を蹴った理由を尋ねたが，男子児童がうつむいたままで返事をしなかったため立腹し，「人の足を蹴ったりしないの」と言って，男子児童の左側頭部を右平手で叩いた。その結果，児童は●の障害を負った。	減給1月	
32	中学校	45 ? 教諭	1年 学年集会で整列の指示に従わなかったとして当該生徒を含む数名が正座	「お前のためにやってんやないか」と言い，かっとなって，左手を横に振るようにして顔面を平手で●回殴打し，「まだ反	文書訓告	不起訴処分

資　料

				させられ、1年生全員も正座させられていた。しかし、依然として、落ち着きのない態度をとっていた。	省していないのか」と言って、右手に持っていたワイヤレスマイクの先を上から振りおろすようにして頭部後方を●回殴打した。さらに、「話をちゃんと聞かんか」と言うと「生徒は「聞いてるわ」と答えた。教員は持っていたワイヤレスマイクを放り出し、生徒の背中とベルトのあたりを両手でつかんで、体をそのまま持ちあげて、●に連れて行き、●横の壁に向かって放り投げた。左手にしていた腕時計があたり右目まぶたの傷から●に気づいた。右目まぶたに●箇所の●、後頭部上方と右側頭部に●。		
33		小学校	58　？教諭	5年指示を守れず、遊んでいたと思われた。	左右両頬を平手（右手）で●回叩いた。しかし、児童は、遊んでいたのではなく、片付けていたことが後で判明した。	厳重注意	
34		小学校	55　男教諭	6年体育の授業中、「ペース走」でやる気なさそうに走っていて、再三注意を受け、授業のまとめの際、「真剣に走っていなかった者は、走りなおしと指示され、教員に「死ね」と発言。	「今なんと言った」と聞いたが、返事もなくぶすっとした態度をとったので、つい冷静さを欠き、児童の左の尻を蹴ってしまった。その時、児童が左手でかばおうとしたため、左腕に当たり、その結果、全治●の傷害を負った。	文書訓告	
35		府立高校	？　男教諭	3年　女子授業中、当該生徒を含む2名が教室	痛みを感じ、また不愉快に思ったので、その場で生徒の頭をげんこつでゴ	文書訓告	

147

				外にいるところを教師に尋ねられた。一人が異装（セーター着用）していたため，注意された際，となりにいた当該生徒が，教員のめがねを固定するため頭の後ろでしばっていたひもを引っ張った。その際，耳にかける部分のフレームがはずれた。	ツンと叩き，注意し，その後●に来るよう命じた。生徒はひもを引っ張って，めがねがはずれたことにたいして，「ごめんなさい」と謝罪したが，「ごめんなさい，では済まない」と大声で叱責し，めがねのストラップやはずれたフレームを床に叩きつけたりして，激昂した態度を示した。その間生徒は，おびえて泣きじゃくり，釈明したが，教員は構わず約30分に渡って叱責続けた。その結果，生徒は，強い精神的ショックを受け，その後登校できない状況となった。		
36	2004	府立工業高校	42 ？ ●部顧問教諭	2年 男子 やる気のない練習態度に，気持ちを入れた練習を行うよう指導されたが，「今日はしんどいから嫌です」と言って，すねるような態度を取った。	気合を入れるつもりで，「こっち向けや」と言い，左右の拳骨で生徒の両頬を●回ずつ殴った。	文書訓告	
37		小学校	34 育休臨時講師	4年 男子3名（A．B．D）女子1名（C）国語の授業中ふざけて騒いでいたA・B・Cが教室の後ろに立たされたにもかかわらず，さらにふざけだす。立たせていないDもふざけて	ふざけて遊び始めていた児童に，遊びをやめるよう注意し，席に着くよう指導するが聞き入れなかった。立たせていた児童が国語の教科書でロッカーをたたきながら，まだふざけていたので，再度，繰り返し注意をしたが，聞き入れなかった。そこで，掃除道具入れロッカーに入って遊んで	文書訓告 校長に厳重注意	

				遊び始め，後ろの掃除道具ロッカーの中に入ってふざけた。それを見てクラス全員が騒ぎ出し，収拾がつかなくなった。	いた児童Dを引っぱりだして，左頬を●回平手打ちした。さらにふざけていた児童A・Bの頭を国語の教科書で●回たたき，児童D・Cの太ももを蹴った。	
38	中学校	40 ？ 教諭	1年 男子 合唱コンクールの練習中，「服装を正すように」との指導があった。その時，先頭の当該生徒が率直に従わなかったように見えた。	当該生徒に歩み寄り，「一体どうゆう事か」と一喝し，生徒の頬を平手で●発，右足で生徒の左足を蹴った。さらに，反省の態度が見受けられないと壁に押しつけ，再度平手で頬を●回殴った。	文書訓告	
39	小学校	52 男 教諭	1年 女子 授業中，●の指示が出されている中，プール清掃の様子を見ていた。	生徒の右側頭部後頭部寄り上部を平手でたたき，結果，●の障害を負わせた。	減給3月 昭和59体罰で減給1月 校長に文書訓告	
40	中学校	52 男 教諭	2年 授業でクラスが落ち着かず，しばらくして静かになったが，教室から●へ移動のため廊下を歩いていた生徒が当該生徒にちょっかいを出し，それに応じた。	教員は，そのことに腹が立ち，生徒に左手で顔を●回殴打した。その平手が右耳に当たり，●の障害を負わせた。	減給1月 校長に厳重注意	
41	中学校	54 ？ 教諭	1年 女子 授業終了後の挨拶の仕方が不十分であったため，1人残し，指導として挨拶の仕方の手本を示したが，態度が悪かった。	「なんでわかってくれんのや」と言いながら，被害生徒の前髪をつかんで揺さぶったあと，右手で生徒の右肩を押し，さらに，襟と肩をつかみ，仰向けに倒した。生徒に「立て」と言うが，生徒は「い	文書訓告	

149

42	中学校	49　？	2年　男子 被害生徒は，指導妨害生徒と無関係。	●練習終了後，全体で●を行っていた。教員が全生徒に説明をしていたところ，ある生徒が床をたたく等，指導進行の妨げをした。注意したが，その生徒は指導に従わず，口笛を吹いたため，生徒のそばに行って直接指導しようと思い，右手に持っていたワイヤレスマイクをとっさに床に投げ捨てた。その時，投げたワイヤレスマイクが床で跳ね，最前列にすわっていた生徒の左頬部に当たり，●針縫合する傷害を負わせた。	文書訓告	
43	小学校	？　？ 教諭	6年 他の生徒が当該生徒を含む2人から羽交い絞めにされ，蹴られたとの訴えがあったが，宿舎の出発時間が迫っていたので後で事情を聞くことになった。	①●で児童とすれ違った際，「●君に大変なことをしたな」と言って，電池式のメガフォンで頭をたたき，お尻を蹴った。 ②図書館で●君と●君がぬいぐるみを投げあい，その綿を引っ張り出すなどしていたと報告を受けた。地区児童会で教員は	文書訓告 校長に厳重注意	

(上段からの続き)
やや」と抵抗し，教員の服をつかんで起きようとしなかった。そこで，「立て」と言って，生徒の胸倉をつかみ何度か立たせようとした。生徒の着衣が乱れたため，教員は生徒から離れようとしたが，生徒が教員に服や足をもって離れようとしなかったため，膝で生徒の右胸部を圧迫し引き離そうとした。その結果，●等の負傷をさせた。

資 料

				「修学旅行のことがあったのに，図書館でまた迷惑をかけた。反省していない」といって，頭をたたき，その時の話で，修学旅行中の暴力が計画的であったのを知り，その後●で頭を叩いた。		
44	中学校	45 ？ 教諭	2年　女子 授業の終わり，一部の生徒が整列せず騒いでいる状態であった。不出来な整列状態を見た教員が指導をしたが，数名の生徒はその指導に応じず整列しようとはしなかった。そのとき，カラーコーンの片付けを指示されていた当該生徒が誤ってそのカラーコーンを倒した。	それを見た教員は，生徒が注意に対し反感を抱き蹴り倒したと判断し，カッとなって，生徒の首筋を捕らえて舞台に押し付けた。その時，生徒は倒れこみ両手後ろ側に●を負った。	文書訓告 校長に厳重注意 （口頭）	
45	府立高校	47　男 教諭	1年　男子 始業時，ピアスをしていたところはずすよう指導された。生徒はピアスをはずした。指導の後，教員の方を向きながら，「うっとうしいな，おっさん」とかなり大きな声で言った。言葉使いの件で生徒と教員が口論となり，教員は制止したが，生徒は顔を近づけて威嚇行為をしてきた。	身の危険を感じたので，教員は生徒の体を右手で投げ，膝で抑えようとした。その時，教員の膝が生徒の唇に当たり，唇が●，足をフロアにぶつけて打った。	文書訓告 校長に文書訓告	父親が警察へ●父親と示談成立 父親が警察署へ嘆願書提出

151

46	中学校	53 男 教諭	1年 男子 教室の扉を廊下側から蹴って逃げた。教員が「お前がやったんやろ」と言ったところ,生徒は「俺はやっていない」と答えたため口論となった。	感情的になって生徒の顔面右側を左手拳(利き手)で●回殴打した。その結果,生徒は,上部前歯●及び下唇内側●の障害を負い,学業に支障をきたした。	停職3月 校長に文書訓告	
47	中学校	48 男 教諭	3年 男子	授業への移動中,生徒に後ろから声をかけられたことから感情的になり,授業中の教室に乗り込み,男子生徒の胸倉を掴み,髪の毛を引っ張る等の暴行を加えた。また,当該教室内でライターの火をつけながら「燃やしたろか」等の不穏当な暴言を吐き,生徒に恐怖感を与え,生徒の前で煙草を吸った。さらに,当該クラスの授業を妨害した上に自分が担当する授業も放棄した。加えて,当該教室に駆けつけた校長の指示に従わず暴言(「うるさいんじゃ」)を吐いた。	停職3月 校長に文書訓告	
48	府立工業高校	49 ? 教諭	5人	(自分の担任でないクラスで担任立会いの下)他の教科の担当している教員からクラスの授業態度が悪いと聞いているとして注意を始め,3人を中心に手を出し,担任が教室を離れた間にも暴力を振るい,別の1人はきつくたたかれ,残りの1人は,遅れてきたが遅れてきて舌打ちをして態度が	停職3月(処分説明書によれば,体罰のほか,他校教員への暴力行為,年休を取得せず職場を離れた職	

資　料

				悪かったのでたたかれた。担任は，止めようと思ったが，落ち着いたり怒ったりの説教で，止める間がつかめなかったと反省。その後，校長が担任に事情聴取したことで，教員は「まずい」と思ったのか，生徒を個別に呼び，「俺は殴ってないな！」と暗に口を塞ぐよう指示していた様子であり，また，同僚の●らには，「Aは生徒指導で頑張っている」と言ってくれと頼んでいた。		務専念儀義務違反，通勤認定の変更を行わずに通勤手当を不正に受給，があげられている。）校長に厳重注意（口頭）関係教員（担任）に文書訓告	
49		小学校	45　？ 教諭	2年　2人 隣席に座っている女児の頭を一緒になってこづいた。女児が泣いたので，教師から謝るように言われたが，「これくらいたいしたことはない」と謝らなかった。	教員は，再度，謝るように指導したが，2人とも謝らずに笑っていたので，左手で児童の右頬を叩き，ついで，もう一人の児童の右頬を叩いた。その時当該児童が●した。	文書訓告 校長に厳重注意	
50		中学校	①45　？ 教諭	1年 教室前の廊下で，●部の顧問に「国語の宿題をしていなかったので，国語科担当の先生に放課後，学校に残って宿題をするように言われた」として，クラブの練習を休むことを伝えた。これにたいして，教員は家庭学習やクラブ活	1．その対応に腹を立てた教員は，生徒に対して，右の手のひらの手首に近い部分で左の頬を突き，その後，右の平手で左頬を●回叩いた。	文書訓告	

			動の大切さを説明し、「練習に参加できないのは自分の責任である」と諭した。これに対し、生徒は「宿題をしなければならないから練習に参加できないのは当たり前である。自分には責任はない」と言うような言い訳をした。		
			1年 エプロンの袋をどこかに置き忘れ、捜すように指示されたが生徒は捜さなかった。報告もしないまま、自分のバックをもって教室から出ようとした。	2.「ちょっと待て。袋は見つかったのか」と聞いた。同生徒が質問に答えないので、同教諭は「袋を捜すのが先やろ、見つかったのかどうか言いにもきていない」と注意をして、反省を促すため、右の平手で●回軽く同生徒の頬を叩いた。	
		②53 教諭	1年 授業に遅れて入ってきて、教室を出て行こうとしたことについて教員は説得しようとした。しかし、その指導中に生徒がドアや●を蹴り始めるなど興奮状態が著しく、説諭による指導が困難で、そのまま放置すれば窓ガラスによる生徒のケガの危険性等が考えられた。	そのため、●教諭は「いいかげんにしろ」と言って、左手で生徒の右腕を掴み、右の平手で左頬を●回叩いた。	文書訓告

資　料

			③45 教諭	1年 休憩時間に当該生徒が同じ学年の男子生徒を●に呼び出してケンカとなり，興奮している生徒を複数の教員で●に連れて行き指導しようとした。	1．興奮が治まらず教員に対して暴言を吐き，つかみかかってくるという状態で手がつけられなかったため，教員がカッとなって左の平手で右の頬を●回たたいた。	文書訓告	
				1年 授業に遅れて入ってきたが，鉄梯子に登りはじめたため，教員らが降りるよう呼びかけ，やっと降りてくると飴を食べており，口から出すようにとの指示を受けたが聞かず，「いやや」「ほっとけ」「やかましい」と態度は非常に悪かった。その後も態度が改まらなかった。	2．「言うことを聞かないなら帰れ！」と言って，生徒のブレザーの肩をつかんで●から引っ張り出した。●を出たところで生徒は「裸足や」などと言ったが，教員は「そのまま帰れ」と言って正門まで生徒を引っ張っていった。その際，途中に水たまりがあったが，教員はそれを避けずに正門まで直進していったため，生徒のズボンの裾や靴下はドロドロになった。生徒が「靴もってこい」と言ったが，教員は「そのまま帰れ」「●……」「帰れ帰れ」などと発言した。		
			48		生徒の欠席，遅刻，早退が急増している状況など生徒の問題行動について保護者への連絡をせず，父親に不信感を与えた。	厳重注意 校長に文書訓告	
51	2005	府立高校	●部顧問 教諭	男子 2軍メンバーの練習試合を応援していた。	男子生徒らが教員を●に対して批判しているように見えたため，感情的になって「文句があるのか」と言いながら，左右の平	文書訓告	

155

				手で生徒の左右の頬をそれぞれ●回ずつ，計●回叩いた。また，練習の際，自らの感情に任せるまま威圧的に「クラブを辞めろ」などと不適切な発言をし，生徒らに精神的苦痛を与えた。		
52	府立高校	？　？	1年　女子誤認	授業中生徒が騒がしくふざけていたため，授業に集中するように複数回注意した。しかし，その注意にもかかわらず，4人の女子生徒がふざけているように見えたため，誰がふざけているかを十分に確認することなく，当該4人を正座させ，足で頭を押さえつけた。その結果，1人の女子生徒の口に足が当たり，唇が●傷害を負った。	文書訓告	
53	小学校	56　女教諭	6年図工の時間，作品がうまく作れず投げやりになっていたところ，教員が作品作りを手伝い完成させようとしていたが，児童はすっかり飽きてしまい，のこぎりをバットの代わりにし，木切れを打ち始めた。	このまま放置することはできないので，教員は大きな音を出して脅かしてやめさせることを考え，ビニールケースに入ったのこぎり5，6本を取り出し，両手に抱え，児童の足元に木工用の「のこぎり」をほうり投げた。児童の手前に放り投げたつもりであったが，そのうちの1本が児童の太ももにあたる。教員は保健室に連れて行き怪我の処置をしようと考えたが，児童は家に帰ってしまう。	文書訓告	
54	小学校	54　男教諭	6年　男子授業を見学してい	感情的になって，手に持っていた実験用の酸素	減給1月校長に文	

			るところに，教員に「どうして●の授業を受けないのか」などとの問い掛けをしたところ，「人間してんねん」などとの返事をしたため，言葉遣いを注意した。しかし，児童が「息してんねん」との発言をした。	のスプレー缶で児童の頭部を●回叩いた。その結果，児童は，頭部●の傷害をおい，学業に支障をきたした。	書訓告	
55	中学校	44 男 教諭	男子 授業中，やる気のない発言をした。その際，生徒が「うっといんじゃ」との発言をした。	感情的になって，左腕で男子生徒の頭部を後ろから絞めた状態で地面に倒し込み，●から●間，押さえつけた。その結果，生徒は，●…学業に支障を来たした。また，以前にも生徒に対する体罰を4回に渡り行った。（このうち，2件は校長が市教委に報告せず，1件は知らなかった。）	減給1月 校長に戒告	
56	中学校	56 男 教諭	2年 男子 授業中，玩具で遊んでおり，提出するように指示されたが生徒は提出せず，その後，●の時間中に，再度玩具を提出するように指示した。	生徒が指示に従わなかったため，教師は，教室から廊下に出ていた生徒の手を掴み，教室に戻し，両手で生徒の頭と身体を掴んで，身体を●回壁に押し付け，後頭部を壁にぶつけ，また，生徒の額を右手で押して，壁に●回頭部をぶつけ，右手でこみかみあたりを●回，頭を●回叩いた。…壁に押し付けて，右手で頭を押さえつけ，左の甲の部分で腹部を●回叩いた。さらに，…左手に持っていたボトル缶で●回，手の平で●回叩いた。それ	停職3月 平成16.12 体罰に関して文書訓告	

157

				に対して生徒が「暴力教師」と言ったため，「何や，その口は」と言って，生徒の口を右手の甲の部分で●回叩き，腹部を左手の甲の部分で●回，手の平で●回叩いた。加えて，生徒の頭を持って，左に倒し，●したところ，右膝で生徒の後頭部を押さえた。また，生徒が●したところを左手で額を押して，頭を壁と床に●回打ち付けた。その結果，生徒は●及び●の障害並びに●の精神的障害を負い，学業に支障を来たした。		
57	中学校	？ ？ 教諭	1年 男子トイレ前で，女子生徒とキスをしているところを発見され，校長室に連れて行くが校外に逃げ出す。マンションの1階トイレにいるところを母親が発見，学校で指導を受ける。母親は廊下で待機，職員室に案内される。	「どうして学校でこのような行為をしたのか」(生活指導主事)「なぜ逃げたのか？」(担任)と聞き，生活指導主事が「周りの生徒が●と同じことをして喜ぶようになったら困る」と叱責した。当該教員が，「周りで●をしている者のことも考えろ」と言い，横から生徒の胸倉をつかんで壁に押し付ける。頭部を●回平手打ちし，部屋の真ん中に押し倒し，「平気でそんなことをして，どうするねん」と叱責した。突発的な出来事で担任，生徒指導主事は当該教員を制止できなかった。	文書訓告 校長に厳重注意	
58	中学校	49 男 教諭	1年 男3女2● 活動指導時，女子生徒が自己の●分担箇所でない●の	感情的になり，拳を上げて「何してんねん」と叫んだ。これに対して，当該女子生徒が●に逃げ込	停職2月 校長に文書訓告	

158

資　料

			●道具を持っていた。	んだため，追いかけて，拳で生徒の頭部を●回強く殴り，続いて「バカにするな」「ふざけるな」などと言いながら，●ぐらい頭部を殴った。その後，●付近で「●をサボっていました」と答えた男子生徒に，平手で生徒の右頬を●回，頭部を●回叩いた。また，横にいた別の男子生徒も「ちゃんと●をしていませんでした」と答えたため，生徒の両頬を両手で●回ずつ叩いた。その後，●から下へ降りていく途中，「●をしていませんでした」と答えた別の男子生徒のみぞおち辺りを足で●回蹴った。再び，●階に上がり，「●をしていませんでした」と答えた女子生徒2人に，1人には平手で●回右頬を叩き，もう1人には平手で右頬を●回叩き，拳で頭部を●回殴った。		
59	中学校	42　男教諭	1年　男子 授業中，生徒が私語していたため，教員から2，3回口頭で注意された。しかし，私語をやめなかった。	感情的になって，生徒の頭部を拳で殴り，「教育委員会でも，文部科学省にでも何でも言え」との暴言を吐きながら，生徒の左頬を平手で約●回叩いた。その後，生徒の胸倉をつかみながら教室から廊下に引きずり出し，約12メートル離れた●まで連れて行き，再度，同様の暴言を吐いた。	減給2月	
60	小学校	59　？教諭	3年　女子 養護学級在籍	児童の靴を履かせる指導の際に，児童の足の甲を	文書訓告 校長に厳	

| | | | 靴を履かせる指導の際に何度も靴を脱ぐ。 | ●回つねったため痣ができた。次の日，母親からの連絡帳によりこの事実が発覚し，教員は電話と面会で保護者に謝罪したが管理職への報告を怠っていた。しかし，●月以降も痣が目立ち，児童の主治医から子ども家庭センターに通告があった。 | 重注意 | |

資　料

［資料2］　児童生徒の非違行為と教員の非違行為〈教育活動類型〉

Ⅰ．児童生徒の非違行為
　資料（　）内の数字はケースナンバーであり，行為内容は当該文書の記述を省略化・単純化している。また，具体的な非違行為が不明で教員の主張のみによるものもある（例えば，ケース48）。
（1）小学校
〈授業中〉
　度重なる指導への軽視（16），指導に対し教員に暴言（34），指示を守らず，遊ぶ，外を見る（19.33.39），授業で着用することの指導拒否（24），授業が成立せず，繰り返し注意しても聞き入れず（37），（養護学級在籍児童が）他児童と雑巾を投げあう（18），（同）靴を履かせる指導の際に何度も靴を脱ぐ（60），のこぎりをバット代わりに木切れを打つ（53），「人間してねん，息してしてねん」などと発言（54）。
〈学校行事〉
　宿泊学習での係の仕事に対する反省の態度が見られない（25），宿泊先での他児童への乱暴行為（43①）。
〈休憩時間等〉
　教員へのからかい発言（4），他児童への乱暴，反省の態度が見られない（20.31.49），配慮を要する児童への行為（12）。
　〈不明〉（養護学級在籍児童が）級友のランドセルにつばを吐きかける（26），図書館でのいたずら（43②）。
（2）中学校
〈授業中〉
　命を軽視する発言（3），指導を故意に無視し，ふて腐れた態度（10），教員に暴言・ガラスを割ろうとする。（13），教員に暴言を吐きながら胸元を押す（15②），生徒・教員に暴言を吐き，自分の●を壁にぶつけて教室を出ようとした（15③），エスケープ（17），グランドで体育の授業をする生徒に声をかける（29），玩具で遊び，それを提出するように指示されたが拒否する（56），授業終了後の挨拶の仕方が不十分（41），授業の終わり，整列が不十分で指導した際，わざとカラーコーンを蹴る＊ただし誤認と判断されている（44），教室の扉を蹴って逃げ，行為を否認する（46），指導中，ドアなどを蹴り興奮状態になる（50②），授業に遅れ，鉄格子にのぼり，やっと降りるが食べていた飴を口から出さず，教員に暴言（50③－2），やる気のない発言をし，さらに教師に暴言（55），私語を二三度注意されたが止めなかった（59）。
〈学校行事〉
　文化祭の練習中悪ふざけ（14），スポーツテストの際，サブバックを忘れる（23），学年集会で指示に従わず正座をさせられるが落ち着きのない態度をとる（32），合唱コンクールで服装を正す指導に従わない（38）。
〈部活動〉
　練習を休むことについて自分の責任を認めない（50①-1）
〈休憩時間等〉

ライターに火をつける。ライターを渡さない（15①），問題行動を繰りかえす（27），授業中に落ち着かず，その後，教室移動中，他生徒にちょっかいをだす（40），エプロンを捜さず報告もなく帰ろうとする（50①-2）同じ学年の生徒を呼び出しケンカとなり，興奮する（50③-1），トイレ前で女子生徒とキスする。発見されて逃げ出す（57）。
〈諸活動〉
級友にいつも便所掃除をさせる（28），生徒への説明に対し床をたたき指導妨害する（42），分担箇所でない道具を持っていた（58）。
　（3）高校・工業高校
〈授業中〉
携帯電話を使用する（2），授業妨害発言（9③），授業中注意され，帰ろうとして自分の携帯電話を持ち出そうとする（21①），考査の答案回収時，指示に従わず帽子を被り，その後呼び出して注意したが態度を改めず（21②），無断で帰ろうとして指導される（21③），二人で教室外にいるところを，一人が異装を指摘されている際，教員のメガネを固定している紐を引っ張った（35），指導でピアスをはずしたが，教員に「うっとうしいな，おっさん」といった（45），教員が他の教員から授業態度が悪いと聞いた（48），授業中，騒がしくふざけていたため複数回注意されたが，なおふざけていた＊誤認（52）。
〈学校行事〉
体育祭の大縄跳びの練習中，自分のクラスの番でないところで跳び，再三注意して止めたがまた跳び，指導に従わず逃げた（9②），説明会に1分ほど遅れ，「今何時だ」との問いに携帯電話を出して「●」と答える（30）。
〈休憩時間等〉
喫煙（1），生徒が教師の会話に割り込み，生徒の持っていた風船が割れ，謝罪するよう指導したが無視して立ち去ろうとした（9①）。
〈部活動〉
指導方法への不満を言う（22），やる気のない態度を指導されたが，すねるような態度をとった（36），指導に対して批判しているように見えた（51）。
（4）養護学校
〈授業中〉
前に座っていた生徒を突き飛ばし，指導後も再び他の生徒を突き飛ばす（6）。
〈休憩時間等〉
約束をしていながら教室移動を拒む（5），他生徒を介助していた教員の左足首を4.5回蹴る（8）。
〈不明〉
部屋の隅のダンボールにマッチで火をつける（7）。

Ⅱ．教員の非違行為
　次に，教員の非違行為を抽出する。児童・生徒と比べてより簡略化した記述となるが，これを分類すると次のような行為となる。

・殴打する（下線は重複）
　　平手（1．2．7．8①②．12．14．16．17．21②③．22．24．28．29．30．31．32．33．37．38．39．40．50①-1・2．50②．50③-1．51．56．57．58．59）＊50①は，手のひらの手首に近

い部分を含む。
　甲，手拳（ 2 . 12. 13. 15③. 17. 22. 23. 25. 27. 28. 35. 36. 46. 56. 58. 59）
　手によるがどの箇所でかが不明な殴打あり（10. 15①②. 20. 26. 48. 49. 56. 58）
　モノ（32. 37. 43①. 54. 56）
　手かモノか不明（43②）
・身体を押す，押し付ける，引っ張る，突く（3．4．5．12. 15①③. 17. 20. 21①. 22. 24. 38. 41. 44. 50③-2. 56. 57. 59）　＊以下，下線は殴打との重複
・髪の毛を掴んで引っ張る（12. 16. 21①. 22. 41. 47）　＊16は児童からの聴き取りによるもの。
・身体を引き倒す，落とす，投げる，倒れさせる（9①②③. 12. 13. 14. 16. 19. 24. 32. 41. 44. 45. 55. 57）
・足で蹴る（10. 13. 19. 20. 27. 34. 37. 38. 43①. 58）
・モノを投げる（3．9③. 35. 42. 53）
・その他
　手首を後ろ手にねじる（6），「顔面」を机に打ちつける（18），激昂して30分間叱責を続ける（35），足で頭部を押さえる（52），頭部を壁・床にぶつける（56），足の甲をつねる（60），生徒や校長に暴言を吐く（47）

[資料３］　有形力の発動に至る児童生徒の態度等と指導の意図

1　これ以上生活が乱れないように一線を引いてあげるため
2　注意をし，携帯電話をとりあげたとき，つい
3　命の大切さについて話をしているのになぜ理解できないのか
4　日頃の様子から，きっちり指導しておかなくては考え（ママ）
5　時間を守る大切さを知ってほしかった
6　危険行為をやめさせるため，約束を守るといったのに
7　火による生命の危険を理解させようとして
8　謝罪を促したが，笑ってばかりで反省の様子が見えなかった
9　謝罪をするよう指導したが，無視して立ち去ろうとし，別の場所につれていこうとするが文句を言われた
10　注意促し指導するが反抗的態度
11　ミスや遅刻した生徒を生徒にも殴らせる
12　「何とかしなくてはならない」というあせりとなり
13　指導を繰り返し行ったが反抗的な態度をとり続け，指導を聞きいれず暴力を振るう構えをみせ，それを窓ガラスを叩く行為で表した。
14　取り組みの遅れや指導の困難さのなかで
15　①指導をしたところ，生徒が下肢を蹴ってきた
　　②生徒が胸元を掴んで押してきた生徒に殴られると思い
　　③注意された生徒は教師に殴られると思い腹部をけった
16　ぞんざいでなげやりな返事をかえす
17　ここで厳しく指導しなければ，これからさき，授業が成立しなくなりかねない
18　いい加減にしろよ
19　片づけを指示したが遊んでいた
20　乱暴な行為を受けたことを聞いて
21　①態度・言葉遣いが改められなかった
　　②言動は改善されずにいた
　　③自分がサボっていることを何も思わないという
22　指導方法への不満を聞き，生徒を呼んだところ批判された
23　何故わかってくれないのか，なぜできないのか
24　指導したところ再三の指示に従わなかった。ルールを守らないことによる他の児童への影響を考え
25　反省の態度が悪い
26　この行動を何とかしてなおしてあげたいと，思い悩んできました
27　指導してから日が経っていないこと等から裏切られた気持ちになり
28　いじめと認識していない点を叱責し，いじめが最悪の事態に発展する可能性にも言及し
29　「いつも言ってやないか」と口頭で注意するとともに
30　言い方や態度がいい加減であったので，率直な気持ちにさせ，反省の念を起こさせる手段として

資　料

31　「何で蹴ったの」と聞いてみたが，返事が返ってこない。それまでにも……何度か注意してきた。
32　指示に従わず態度の悪かった生徒を説諭したが，その後も落ち着かない態度をとった
33　指示に従わず遊んでいたと決め付け
　　集団行動を乱す動きがあり，何とか落ち着いて考え，行動し，善悪の判断を持った行動ができるようにと考えていた矢先のことで
34　指示したところ，「死ね」という言葉がかえってきた。以前からときどきやる気のない態度をとってきたことを改めさせねばとの思いから
35　「やっていいことと悪いことがあるだろう」
36　指導したが，すねるような態度をとったため，気合をいれるつもりで
37　授業が成立しにくく，先に進まないあせりから
38　率直に指導に従わないように見えた
39　注意したが外を見ていた
40　私語の指導のあと，移動の際にちょっかいをだした
41　挨拶の仕方の手本を示したが，態度が悪かったため
　　「何で分かってくれんのや」と言いながら
42　床をたたく，口笛を吹くなどして指導に従わない
43　学級経営が担任だけではうまく運営されず，学年全員で当クラスを支援，指導していくことになっておりました
44　指導に従わず整列しようとはしなかった，コーンを蹴ったと勘違い
45　指導したが，生徒が「やるんかー」と言いながら顔面を寄せてきた
46　「おまえがやったんやろ」と言ったところ，「俺はやってない」と答えた
47　生徒に後ろから体型，髪型の似ているタレント名で呼ばれた
48　再三注意していたこともあり，授業中の態度が悪いので
49　誤るように指導したが，反省の態度を示さなかった
50①-1「自分には責任がない」という言い訳をした
　　生徒には何がおかしいのか理解できなかったらしく，何度聞いても同じような言い方をした
　　-2　注意をしているときに頬を叩き，●としての自覚を求めました
　②　ケガの危険性等が考えられたため，一刻も早く行動をとめることが必要だと思い，
　③　指導しようとしたが，つかみかかってくるという状況で手がつけられなかったため
　　　「何故，いつまでも分からないのか」という気持ちが強く，翌日から，Aはおとなしくなり，反抗の程度が軽くなった
51　批判していたと勘違いし
　　監督の●に対して不満な態度をあらわす事が続くと，チームとしては成り立たない
52　注意にもかかわらず，ふざけているように見えた
53　大きな音をたてれば止めると思い
54　言葉遣いを注意したが，「息してんねん」との発言をした
55　やる気のない発言をしたことに指導したが，「うっといんじゃ」と発言した
56　再度，玩具を出すように指導したが指導に従わなかった
57　叱責されたあと，校長室から逃亡

58　分担場所でない●道具をもっていた。生徒は逃亡「ばかにするな，ふざけるな」
59　私語を止めるよう注意したが，止めなかった
60　靴を履かせようとしたが何度も靴を脱ぐ

資　料

[資料4]　ケース31　PTAの機能

PTAと学校の動向	市教委・府教委の動向
・PTA役員来校，今回の事件と1年時の苦情。 ・保護者6名，PTA役員2名来校，苦情。（a） ・2年●組臨時学級懇談会（校長，教頭，2年担任●名） 　要求：担任交代，当該教員の処分，安心して通える学校づくり（b） ・PTA役員からの返答，現状では担任交代しかないとのこと。（c）	・校長，教頭，当該教員が保護者宅訪問，謝罪。 ・校長，市教委で事情説明，指導。（A） ・被害児童，第2回検診日，校長同行。●には数週間かかるとのこと。 →今後は，校長，会長が窓口となって対応する。（B） →この日から，当該教員が年次休暇を取り始める。 ・●小職員会議開催。懇談会の経過報告と今後の方針。 ・校長，市教委で事情説明，指導。 ・市教委教育次長から，府教委教育事務所，教職管理係へ電話で報告。（C-1） ・校長，教頭が家庭訪問。 ・市教委教育部長，指導課長が府教委教育事務所，教育管理係で事情説明，指導を受ける。（C-2）
・PTA実行委員会で校長から説明。（d）	・校長から教育部次長，指導課長へ電話連絡。（D-1） ・府教委へ●小保護者から，苦情のメールが入り（●日），連絡。（D-2） ・校長を市教委に呼び説明を受け，指導。（D-3） ・府教委副理事，課長来庁，教育長から報告。（D-4）
・●小職員会議，担任交代について。（e） ・●小PTA役員会（会長，副会長，顧問）で校長から説明。（f）	→職員会議の報告，指導。 　校長が当該教諭と面談。 ・2年学年教諭●名当該児童宅へ家庭訪問（当該教諭含む） ・教育委員会会議で報告。 ・●小職員会議 ・校長市教委へ，教育長から指導。事情説明を受け，明日の懇談会の対応，マスコミ対応，1年時の調査について指導。被害児

167

・職員朝礼で，懇談会に向けての共通理解。午後，授業参観，<u>ＰＴＡ総会の開催</u>。	童，第3回目の検診。●2週間薬を服用して様子を見る。
	・校長市教委へ。学級懇談，ＰＴＡ総会，役員会の状況報告。
	・当該児童，●病院で診察。●との診断が出る。
	〈内容〉 事件の経過報告 当該保護者への謝罪（当該保護者出席） けがの報告
・●月●日<u>新担任でスタート</u>。	●月●日より担任交代 学校の正常化に向けての決意
	・●学校訪問し，校長を指導。

資　料

［資料５］　人権侵害等への言及（抜粋）

1	府工　文書訓告	「校内の人権研修を活用して職員全員の人権に対する意識を高めたい」 「これからは生徒の人権，人格に十分気をつけ」本人顛末書
2	府高　文書訓告	罰金10万　なし
3	中学校　減給１月	「人権を冒涜するような行為は絶対にしないこと」を約束し　教員 「人権尊重の視点に立ちしっかり指導してほしい」と励まされ　保護者 「人権の上からも断じてあってはならないことを厳しく指導する」　校長 「人権尊重を基盤にした教育活動の推進」　教育委員会
4	小学校　服務上	「人権の問題として学校として，また，全体の児童の問題として日々取り組んでいく」　学校および本人の取り組み
5	府養護　厳重注意	なし
6	府養護　文書訓告	「今後は一人一人の個性と課題を十分に理解して，人権を尊重し，体罰的行為はいかなる場合でも許されないことを肝に銘じて」　教員
7	府養護　厳重注意	なし
8	府養護　文書訓告（２人）	なし
9	府高　減給１月　罰金	なし
10	中学校　服務上	「体罰は，生徒の心身に苦痛を与え個人の尊厳を傷つける，人権を無視する行為であり根絶しなければならない」校長 教員の顛末書にはなし 市教委の指導にもない
11	中学　戒告	「人権感覚を磨くこと」校長顛末書 本人顛末書にはなし
12	小学校　減給１月	「体罰は教育手段としてではなく人権を侵害する行為であること」　市教委 本人顛末書にはなし
13	中学校　厳重注意	「人権のうえからも断じて許されないこと」「人権尊重の観点からも断じて許されないことを厳しく指導」　校長 本人顛末書になし
14	中学校　文書訓告	「（体罰は）生徒の心身に苦痛を与え，個人の尊厳を傷つけ，人権を無視する行為である」　校長 「体罰に関して，生徒の人権尊重の上からも断じて許されない行為であることを自覚し，これまで生徒を導いてきたつもりでした」　教員
15	中学校　文書訓告	「人権感覚の不十分さなど学校組織としての生徒指導体制の確立が十分できていなかった」　校長

16	小学校	文書訓告	「日頃は口では人権意識を言いながら，体罰で片を付けてしまうことは生徒指導でも教育でもありません」　教員 「著しく人権を侵害する行為であること」　市教委 「全教職員が人間尊重に徹した教育を推進するためさらに研修に励む」　校長 「人権上も，人として，教員としてあってはならない行為」　教員
17	中学校	文書訓告	「私自身の人権意識の欠如やおごりです」　教員
18	小学校	戒告	「障害者に対する人権侵害にあたることを改めて認識させ，深く反省を求めるとともに，厳しく指導した」　市教委が校長・教員に対して 「体罰は人権尊重の精神を崩壊させるものであり」　市教委の見解 「体罰は許されないものであり，子どもの人権をも奪うものであることを徹底する」　校長 「体罰とは，人権侵害の際たるもの」　本人
19	小学校	文書訓告	「体罰は，児童の心身に苦痛を与え個人の尊厳を傷つける，人権を無視する行為であり，根絶しなければならない」　校長 「体罰は，児童の心身に苦痛を与え，個人の尊厳を著しく侵害する行為であることの認識」　教員
20	小学校	戒告	「当該教諭の行為は，学校教育法第11条で禁止されている体罰に該当するものであり，児童の人権を侵害する行為であることは明らかである」「児童生徒の身体を侵す行為であり，かつ，著しく人権を侵害する行為であること」　市教委 「殴る，蹴るなどの体罰は，子どもの人権にも関わる重大な行為であることを十分認識するとともに」　校長 「地域と連携して，子どもの人権を守る取り組みを一層推進すること」　市教委 「体罰や子どもの人権に対する認識を深めるための研修の機会を設けてきたのですが，その研修が教職員の意識の変容に十分つながらなかった」　校長
21	府高	戒告	なし
22	府高	文書訓告	なし
23	中学校	文書訓告	「『体罰は法的に禁じられているばかりでなく，児童・生徒の人権を著しく侵害する行為であり，いかなる場合においても絶対に許されないことである』ということを，改めて周知徹底し，各学校の指導体制を点検し，体罰が絶対起こることのないよう指導した」　市教委 「体罰は人権上絶対に許すことはできないという認識を職員の共通理解としてできてなっかた（ママ）ことで，この事件

資　　料

			が起こり」　教頭
24	小学校	文書訓告	「体罰行為に至ったことは，教員としての指導力の欠如と人権意識の希薄さ，教育公務員としての自覚が欠如していると認めざるを得ない」　市教委
			「体罰は，法で禁止されていること，著しい人権侵害であることを，ことあるごとに，校長から指導され，研修してきました」「報告が遅れたことは，体罰や人権に関する自覚が不足していたと反省しています」　教員
25	小学校	文書訓告	「全ての教職員に対し，人権尊重の立場から絶対に体罰は許されないことを徹底すること」(市教委)
			「児童一人一人の人権を守り，命を大切にするということから，いかなる理由があっても決して認められないところであるにもかかわらず」「体罰を起こした教員に対して人権を基本とした教育の徹底を指導していく」　校長
26	小学校	文書訓告	「本市教育委員会では，これまで人権教育に根ざした生徒指導体制の確立について学校を指導してきたところである。しかしながら，今回このような事件を招いたことは誠に遺憾であります。特に，体罰の対象になったのが，広汎性発達障害を有する児童であったことを重く受け止めている」　市教委
			「体罰の根絶のための最重要課題は，体罰が人権侵害であり，指導力不足を露見するものであり，児童との信頼関係を崩壊させる許しがたい行為であるという認識を身につけることである」　校長
			「体罰は重大な人権侵害であることを深く肝に銘じ，今後二度とこのようなことを起こさない決意です」　教員
27	中学校	停職3月	「体罰に限らず生徒の人権を守る取り組みを全校的に進める」校長
28	中学校	文書訓告 厳重注意	「両教諭は…，体罰は法に違反しており，生徒への人権侵害であることを認識し，深く反省している」　市教委
29	中学校	文書訓告	「特に体罰に関しては，法的にも禁止されているところであり，人権尊重の観点からも断じてあってはならないと厳しく指導してまいりました」　市教委
30	府工	厳重注意	なし
31	小学校	減給1月	「体罰は，児童の心身に苦痛を与え，個人の尊厳を傷つける人権を無視する行為であり，根絶しなければならない」校長
32.	中学校	文書訓告	「体罰は当該生徒の人権を否定するばかりか」　校長
			「体罰を加えることは法によって禁止されているとともに，人権尊重の観点からも断じてあってはならないこと」市教委
			「ここの生徒がルールを守り，たがいの人権を尊重しあって明るい学校生活を送る」　教員
33	小学校	厳重注意	「『体罰は，法的に禁止されている行為であり，児童の心身に

			苦痛を与え、個人の尊厳を傷つけ、人権を無視する行為である』ことを指導し確認した」　校長
34	小学校	文書訓告	なし
35	府高	文書訓告	なし
36	府工	文書訓告	なし
37	小学校	文書訓告	「体罰等の子どもの人権侵害に関わる不適切な指導がないかどうか、再度点検を指示するとともに」　市教委 「体罰は法律によって禁じられていることはもちろん、児童への人権侵害であることも強く指導していたにも関わらず」　校長
38	中学校	文書訓告	「生徒の人権に対する認識の甘さ」　教員
39	小学校	減給3月	「『指導の中で生起する体罰は、子どもの人権を否定するものである。』」「人権意識をもって生徒指導にあたるという意識を十分徹底できなかったこと」　校長
40	中学校	減給1月	「体罰は法で禁じられているばかりでなく、生徒の人権を著しく侵害する行為であることを厳重に注意し、いかなる場合も絶対に許されないことであることを厳しく指導する」校長
41	中学校	文書訓告	「生徒に体罰を加えることは、法によって厳しく禁止されていることや、人権尊重の観点からも断じて許される行為ではないことを厳しく指導する」　校長 「日頃から、職員に対し体罰、セクシャル・ハラスメント、飲酒運転等については、重大な人権侵害であり」　教頭 「人権上も、人として、教員としてあってはならない行為であることを今まで以上にかたく心に刻み」　教員
42	中学校	文書訓告	「教職員による行き過ぎた指導や体罰等は児童生徒の身体を侵害する行為であり、かつ、著しく人権を侵害する行為であること、絶対に許されないことを各校園に通知するとともに」市教委
43	小学校	文書訓告	「校内の人権研修会で●教諭の起こした事例をもとに」校長
44	中学校	文書訓告	「校長は、人権教育を推進していく中で、年度当初の指示事項や、定期的な校内研修および、職員会議において、機会あるごとに体罰やセクシャル・ハラスメント、飲酒運転について絶対にゆるされないこと、してはならないこととして教職員に指導してきた」「当該中学校に対して、人権尊重及び生徒の内面に深く迫る生徒指導により失われた信頼を回復するように指導するとともに」　市教委 「人権教育に係わる部分を再度しっかりと整理し」　本人
45	府高	文書訓告	「こどもには権利がありまして、本校でも、こどもの人権を守る教育というのを進めております。教育長からも、体罰だけでなくて、セクハラ等々色々指導や通達を受けています」　校長が保護者に対して

資　　料

			「●教諭の行為は，体罰であるが，これに対して懲戒処分が下されれば，校内の多くの教員は生徒の問題行動に対して目をつぶるような状況になってしまう」（校長と府教委との話し合いの記録から）＊唯一，ホンネの出ているところか？（筆者）
46	中学校	停職3月	「生徒指導及び生徒の人権尊重に則した校内研修の強化を図っていく」　校長 本人顛末書にはなし
47	中学校	停職3月	なし
48	府工	停職3月	なし
49	小学校	文書訓告	「指導力の欠如，人権意識の希薄さを指摘せざるを得ない。」　市教委 「体罰は子どもの人権を無視した行為であり」　校長
50	中学校	文書訓告（3人）	「人権尊重の立場から，絶対に体罰は許されないことを徹底すること」「体罰事象が後を絶たないのは，学校現場における体罰および生徒の人権に対する認識にまだまだ不十分な点があることの表れ」「生徒に対する体罰・暴言等の厳禁を含む人権尊重の徹底」　市教委 「暴言や体罰による威圧的指導や人権を無視した指導をすることのないよう徹底を図る」　校長 「体罰は法で禁じられているばかりでなく，幼児・児童・生徒の人権を著しく侵害する行為であり，いかなる場合においても絶対に許されないことである」　市教委
51	府高	文書訓告	なし
52	府高	文書訓告	なし
53	小学校	文書訓告	「人権感覚を高めるための研修を行う」　校長 本人顛末書にはなし
54	小学校	減給1月	なし
55	中学校	減給1月	なし
56	中学校	停職3月	「教職員による行き過ぎた指導や体罰等は児童生徒の身体を侵害する行為であり，かつ，著しく人権を侵害する行為であること，絶対に許されないことを各学校園に通知し，指導してきた」　市教委 「人権を尊重し威圧的な指導や体罰を許さない指導の徹底を図ること」　校長
57	中学校	文書訓告	なし
58	中学校	停職2月	「体罰は，生徒の心身に苦痛を与え個人の尊厳を踏みにじる」　市教委 「人間として許されないもの」　教員
59	中学校	減給2月	「体罰が生徒の人権を侵す許しがたい行為であることを理解し」　市教委
60	小学校	文書訓告	「児童・生徒の大切な人権を守る立場から，以下の点につい

173

て緊急に・校内研究会を持つよう指導する」　市教委
「子どもの人権を尊重する精神が，正しく理解されていなかったこと」　校長
「人権感覚の研磨につとめ」　教員

参考文献

青木宗也ほか編『戦後日本教育判例大系　第3巻　在学関係・懲戒・体罰・学問の自由と大学自治』労働旬報社，1984年，246-301頁，第4章，体罰
芦部信喜『憲法』岩波書店，新版補訂版，1999年
芦部信喜・高橋和之・長谷部恭男編『憲法判例百選Ⅰ（第4版）』別冊ジュリスト154号，有斐閣，2000年
　　26-27頁，12私立大学と基本的人権，最小判昭和49．7．19（民集28巻5号790頁）
　　46-47頁，22公立中学校における髪型の規制，熊本地判昭和60.11.13（行集36巻11.12号1875頁，判時1174号48頁）
　　54-55頁，26校則によるバイク制限，最小判平成3．9．3（判時1401号56頁，判タ770号157頁）
芦部信喜・高橋和之・長谷部恭男編『憲法判例百選Ⅱ（第4版）』別冊ジュリスト155号，有斐閣，2000年
　　402-403頁，193地方議会議員の懲罰と司法審査，最大判昭和35.10.19（民集14巻12号2633頁，判時239号20頁）
芦部信喜ほか編『岩波講座　基本法学8　紛争』岩波書店，第2次発行，1985年
阿部昌樹『ローカルな法秩序』勁草書房，初版第2刷，2003年
阿部泰隆『政策法学の基本指針』弘文堂，初版第2刷，1997年
伊藤正男他編『認知科学6　情動』岩波書店，第2刷，1996年
市川須美子・浦野東洋一・小野田正利・窪田眞二・中嶋哲彦・成嶋隆編『教育小六法　平成18年版』学陽書房，2006年
市川須美子・安達和志・青木宏治編『教育法学と子どもの人権』三省堂，第1刷，1998年
今井康雄『メディアの教育学』東京大学出版会，2004年
今橋盛勝『教育法と法社会学』三省堂，第10刷，2001年
今橋盛勝『学校教育紛争と法』エイデル研究所，初版，1984年
今橋盛勝，安藤博編『教育と体罰——水戸五中事件裁判記録——』三省堂，1983年
今橋盛勝「体罰判例の教育法的検討」牧柾名ほか編『懲戒・体罰の法制と実態』1992年所収，66-90頁
岩井八郎「経験の連鎖」ＪＧＳＳ研究論文集［2］所収，2003年，113-125頁
宇賀克也『新・情報公開法の逐条解説（第2版）』有斐閣，2004年
堀部政男編　ジュリスト増刊『情報公開・個人情報保護』有斐閣，1994年

江森一郎『体罰の社会史』新曜社，1989年
大田いく子「子どもの人権」国際法学会編『日本と国際法の100年　第4巻　人権』三省堂，第1刷，2001年，181-206頁
大木雅博『勝つための監督術』文芸社，初版第1刷，2001年
大原健士郎『「職員室」の心の病』講談社，1997年
岡田敬司『教育愛について』ミネルヴァ書房，2002年
岡村達雄『現代公教育論』社会評論社，初版第1刷，1982年
沖原豊『体罰』第一法規，1980年
小野田正利『悲鳴をあげる学校』旬報社，2006年
『学制百年史（記述編・資料編）』帝国地方行政学会，15刷，1981年
兼子仁『教育法（新版）』有斐閣，初版第10刷，1990年（オンデマンド版，2004年）
兼子仁・市川須美子編著『日本の自由教育法学』学陽書房，初版第1刷，1998年
兼子仁編『教育判例百選（第三版）』有斐閣，1992年
河村茂雄『学級崩壊に学ぶ』誠信書房，第6刷，2006年
ゲオルク・クニール，アルミン・ナセヒ（舘野受男・池田貞夫・野崎和義訳）『ルーマン社会システム理論』新泉社，第4刷，2004年
　（Georg Kneer/Armin Nasehi, *Niklas Luhmanns Theorie sozialer Systeme*, eine Einführung, 4. unveränd.Aufl.-München: Fink, 2000）
黒崎勲『教育行政学』岩波書店，第3刷，2005年
熊本信夫『行政手続の課題』北海道大学出版会，第3刷，1982年
高坂健次・厚東洋輔編『講座社会学1　理論と方法』東京大学出版会，初版，1998年
寿卓三「教育において権威は可能か──教育の基底としての〈倫理〉──」越智卓ほか編『岩波応用倫理学講義6　教育』岩波書店，2005年，101-115頁
齋藤久子監修，石川道子・杉山登志郎・辻井正次編著『学習障害』ブレーン出版，初版第7刷，2003年
坂田仰・星野豊編著『学校教育の基本判例』学事出版，2004年
坂田仰解説『新教育基本法（全文と解説）』教育開発研究所，2007年
坂本秀夫『体罰の研究』三一書房，初版第1刷，1996年
坂本秀夫『生徒懲戒の研究』学陽書房，1982年
塩崎勤『民事裁判の実務的課題』民事法研究会，第1刷，2005年，28-40頁
塩野宏『行政法Ⅰ』有斐閣，第4版第6刷，2006年
塩野宏『行政法Ⅱ』有斐閣，第4版第5刷，2006年
塩野宏『行政法Ⅲ』有斐閣，第3版第1刷，2006年
塩野宏・小早川光郎・宇賀克也編『行政判例百選Ⅰ（第4版）』別冊ジュリスト150号　有斐閣，1999年

参考文献

　　48-49頁，23議員の懲罰と裁判権，最大判昭和35.10.19（民集14巻12号2633頁）
　　50-51頁，24学生処分と裁量権，最小判昭和29.7.30（民集第8巻7号1501頁）
　　174-175頁，86懲戒処分と裁量権の範囲，最小判昭和52.12.20（民集31巻7号1101頁）
塩野宏・小早川光郎・宇賀克也編『行政判例百選Ⅱ（第4版）』別冊ジュリスト151号，有斐閣，1999年
　　378-379頁，183懲戒処分と人事院の修正裁決，最小判昭和62.4.21（民集41巻3号309頁）
下村哲夫・窪田眞二・小川友次『平成18年版　教育法規便覧』学陽書房，2005年
ジュディス・L・ハーマン（中井久夫訳）『心的外傷と回復（増補版）』みすず書房，第7刷，2005年
ジェフリー・T・ミッチェル，ジョージ・S・エヴァリー（高橋祥友訳）『緊急事態ストレス・PTSD対応マニュアル』金剛出版，2002年
ジョセフ・ルドゥー（松本元・川村光毅ほか訳）『エモーショナル・ブレイン』東京大学出版会，初版，2003年
杉田荘治『学校教育と体罰』学苑社，初版，1983年
杉田荘治『アメリカの体罰判例30選』学苑社，初版，1984年
杉山登志郎・辻井正次編著『高機能広汎性発達障害』ブレーン出版，初版第14刷，2006年
平英美・中河伸俊編『新版　構築主義の社会学』世界思想社，第1刷，2006年
竹内昭夫ほか編『新法律学辞典』有斐閣，第3版，1989年
田中耕太郎『教育と権威』岩波書店，1946年
田中耕太郎『教育基本法の理論』有斐閣，1961年
馬場健一「法化と自律領域」棚瀬孝雄編『現代法社会学入門』法律文化社，初版第8刷，2000年，73-97頁
田代信維編『情動とストレスの神経科学』九州大学出版会，初版第2刷，2005年
谷口安平「手続的正義」芦部信喜ほか編『岩波講座　基本法学8　紛争』岩波書店，第2次発行，1985年，35-59頁
団藤重光『刑法綱要総論』創文社，第3版第7刷（付・追補），2000年
団藤重光『法学の基礎』有斐閣，初版第8刷，2000年
土屋明広「教師の『語り』に見る体罰の構造」九大法学82号，105-147頁
寺崎弘昭『イギリス学校体罰史』東京大学出版会，初版，2001年
中川喜代子『人権学習を創る』明石書店，第6刷，1994年
中山竜一『二十世紀の法思想』岩波書店，2000年
浪本勝年ほか著『教育判例ガイド』有斐閣，初版第1刷，2001年
ニクラス・ルーマン（佐藤勉監訳）『社会システム理論（上）』恒星社厚生閣，1993年

ニクラス・ルーマン（佐藤勉監訳）『社会システム理論（下）』恒星社厚生閣，1995年
（Niklas Luhmann, *Soziale Systeme: Grundriβ einer allgemeinen Theorie*, Suhrkamp, Franfurt a. M. 1984）
ニクラス・ルーマン（村上淳一訳）『社会の教育システム』東京大学出版会，2004年
（Niklas Luhmann, *Erziehungssystem der Gesellschaft*, Suhrkamp, Frankfurt a. M. 2002）
ニクラス・ルーマン（村上淳一・六本佳平訳）『法社会学』岩波書店，1977年
（Niklas Luhmann, *Rechtssoziologie*, 3. Aufl., Westdeutscher Verlag, Opladen 1987）
ニクラス・ルーマン（大庭健・正村俊之訳）『信頼』勁草書房，1990年
（Niklas Luhmann, *Vertrauen: ein Mechanismus der Reduktion sozialer, Komplexität*, 4. Aufl. Lucius & Lucius, Stuttgart, 2000）
ニクラス・ルーマン（今井弘道訳）『手続を通しての正統化』風行社，新装版，2003年
（Niklas Luhmann, *Legitimation durch Verfahren*, Suhrkamp-Taschenbuch Wissenschaft; 443, 1. Aull., Frankfurt a. M. 1983）
日本教職員組合編『教職員の権利全書』労働旬報社，初版第1刷，1984年
日本法社会学会編『法と情動　法社会学第60号』有斐閣，2004年
日本臨床心理学会編『戦後特殊教育・その構造と論理の批判』社会評論社，初版第1刷，1980年
馬場健一「社会の自律領域と法――学校教育と法との関わりを素材に――（一）（二・完）」法学論叢127巻5号，62-85頁，128巻3号，51-69頁
馬場健一「学校教育紛争とその法化――教員体罰を素材に――」大阪高法研ニュース，第144号（1994年）
http://osaka.cool.ne.jp/kohoken/lib/khk144a1.htm
羽山健一「懲戒規定の公開とその見直し」『月刊生徒指導』1993年12月号，学事出版所収
http://osaka.cool.ne.jp/kohoken/lib/khk137a2.htm　（2007/06/05）
広田照幸『教育言説の歴史社会学』名古屋大学出版会，初版第3刷，2004年
平野龍一『刑法概説』東京大学出版会，第28刷，2003年
フィリップ・アリエス（杉山光信・杉山恵美子訳）『〈子供〉の誕生』みすず書房，第21刷，2005年
深谷昌志編集『現代のエスプリ　No.231　体罰』至文堂，1986年
藤田雄飛「悪について　欲望とメディア」中戸義雄・岡部美香編著『道徳教育の可能性』，ナカニシヤ出版，2005年，100-116頁
福井康太『法理論のルーマン』勁草書房，初版第2刷，2004年
宝月誠編『講座社会学10　逸脱』東京大学出版会，初版，1999年
本間正人『モンスター・ペアレント』中経出版，2007年

参考文献

マーサ・M・マッカーシー，ネルダ・H・キャンブロン＝マカベ（平原春好・青木宏治訳）『アメリカ教育法』三省堂，1991年，
（Martha M Mccarthy/Nelda H. Cambron-Mccabe/Stephen B. Thomas, *Public school law: teachers' and students' rights*, 5 thed, Pearson Education, Inc, 2004）
マルコム・B・スペクター，ジョン・I・キツセ（村上直之，中河伸俊，鮎川潤，森俊太訳）『社会問題の構築』マルジュ社，第3刷，2004年
（Malcom Spector and John I. Kitsuse, *Constructing Scocial Problem,* Transaction Publishers, New Brunswick, NewJersey, 2001）
牧僚子『それでも体罰をやめられませんか？』新風舎，初版第1刷，2005年
牧柾名・今橋盛勝・林量俶・寺崎弘明編著『懲戒・体罰の法制と実態』学陽書房，初版，1992年
増田實『問題解決的／成長促進的援助』ナカニシヤ出版，初版第1刷，2005年
松井茂記『情報公開法（第2版）』有斐閣，第2版第1刷，2004年
松井茂記「非刑事手続領域に於ける手続的デュー・プロセス理論の展開（一）～（五）」法学論叢106巻4．6，107巻1．4．6
宮下一博・河野荘子編著『生きる力を育む生徒指導』北樹出版，初版第1刷，2005年
室井力『特別権力関係論』勁草書房，第5刷，1975年
室井力・芝池義一・浜川清編著『行政事件訴訟法・国家賠償法』日本評論社，第2版第1刷，2006年
村上武則編『基本行政法（第2版）』有信堂高文社，第2版第3刷，2003年
持田栄一『持田栄一著作集 6教育行政学序説（遺稿）近代公教育批判』明治図書出版，初版，1979年
森茂起編『心の危機と臨床の知1 トラウマの表象と主体』新曜社，初版第1刷，2003年
山田恵吾「メディアの中の教師――戦後の教師3（1945年～）――」山田恵吾・貝塚茂樹『教育史からみる学校・教師・人間像』梓出版社，2005年
結城忠「いじめをめぐる責任法制（三）～（四）」教職研修2007年4月～5月所収
ラルフ・ペットマン（福田弘・中川喜代子訳）『人権のための教育』明石書店，初版第6刷，1996年
渡辺賢『公務員労働基本権の再構築』北海道大学出版会，第1刷，2006年
Rossow, Lawrence F and Jacqueline A. Stefkovich, *Education Law: Cases and Materials,* Carolina Academic Press, 2005, pp.511-650, Corporal Punishment
Corporal Punishment in Schools, Journal of Adolescent Health, 2003, vol. 32, pp. 385-393
Bryan A. Garner ed. *Black's Law Dictionary*（8th ed. West pub. Co., 2004）

URL（2006/10/21）

文部科学省
　http://www.mext.go.jp/
大阪府
　http://www.pref.osaka.jp/
岩手県
　http://www.pref.iwate.jp/
山梨県
　http://www.pref.yamanashi.jp/
横浜市
　http://www.city.yokohama.jp/front/welcome.html
大阪市
　http://www.city.osaka.jp/
豊中市
　http://www.city.toyonaka.jp/
日本弁護士連合会
　http://www.nichibenren.or.jp/
社団法人日本ＰＴＡ協議会
　http://www.nippon-pta.or.jp/
大阪府ＰＴＡ協議会
　http://www.fu-pta.net/ptasyakai.html
人事院規則12－0（職員の懲戒）（昭和27年5月23日人事院規則12－0）
　http://law.e-gov.go.jp/htmldata/S27/S27F04512000.html
人事院規則22－1（倫理法又は同法に基づく命令に違反した場合の懲戒処分の基準）
　http://www.jinji.go.jp/rinri/rule/rule_1.htm
大阪府教育委員会会議規則（昭和31年7月9日　大阪府教育委員会規則第3号）
　http://www.pref.osaka.jp/houbun/reiki/reiki_houbun/ak20109131.html
府費負担教職員の分限及び懲戒に関する条例（昭和31年10月2日　大阪府条例第29号）
　http://www.pref.osaka.jp/houbun/reiki/reiki_houbun/ak20109571.html
職員の懲戒の手続及び効果に関する条例（昭和26年11月8日　大阪府条例第42号）
　http://www.pref.osaka.jp/houbun/reiki/reiki_houbun/ak20102721.html

URL

札幌市立学校体罰事故調査委員会
　http://www.city.sapporo.jp/kyouiku/kyoshokuin/taibatsujikochyosaiinkai.html
札幌市ＰＴＡ協議会
　http://www.sapporo-pta.gr.jp/organization/executive.html
長野県教育委員会
　http://www.pref.nagano.jp/kenkyoi/

著者紹介

早﨑元彦（はやさき　もとひこ）

　1952年　大阪府に生まれる。
　1971年　大阪府立枚方高等学校卒業。
　1975年　大阪府公立学校事務職員として門真市立第三中学校主事に任用される。以降，同市内小学校主事・主査を歴任し，第七中学校主幹を経て，2008年4月より浜町中央小学校教頭。
　2005年　神戸大学法学部法律学科夜間主コース卒業。
　2007年　大阪大学大学院法学研究科博士前期課程修了。
　　　　　日本法社会学会会員

社会活動歴
1997年4月～2001年3月　門真市教職員組合執行委員長
2006年4月～2008年3月　大阪地方裁判所労働審判員
第27回日教組文学賞詩部門に「Chairman」で準入選。

2009年2月5日　初版第1刷発行

体罰はいかに処分されたか
—行政文書における体罰と処分の研究—

　　著　者　早﨑元彦
　　発行者　秋山　泰
　　発行所　株式会社　法律文化社
〒603-8053　京都市北区上賀茂岩ヶ垣内町71
電話 075(791)7131　FAX 075(721)8400
URL:http://www.hou-bun.co.jp/

© 2009 Motohiko Hayasaki Printed in Japan
印刷：㈱西濃印刷／製本：㈱藤沢製本
ISBN 978-4-589-03139-6

和田仁孝編［NJ叢書］ **法　社　会　学** A5判・296頁・3360円	かつてない分岐を迎える現代法社会学。その錯綜した方法論と学問領域の多様性を「法と社会の構造理解」「実践的問題関心」「方法論的アプローチ」という3つの視点から的確にマッピングする知的刺激にみちた教科書。
和田仁孝・樫村志郎・阿部昌樹編 **法社会学の可能性** A5判・370頁・6090円	緻密・繊細な思考で法社会学界をリードしてこられた棚瀬孝雄教授の還暦を記念した企画。「法の理論と法主体」「法意識と法行動」など全5部17論文より構成。法社会学の多彩な発展の可能性を追求。
奥野久雄著 **学校事故の責任法理** A5判・340頁・7350円	教育に関しての重大事故が増えるに伴って、それらに対する訴訟も増加してきている。学校側の義務の限界を明らかにすることにより、責任の範囲および基準について考察し、教育活動の安定化をめざす。
神﨑　要著 **教育と法のオルタナティヴ** ―学校と教育の常識を問い直す― 四六判・244頁・2730円	「教育」を無条件に良いものとせず、近代国家における諸課題追行のための装置とみる視点から、教育法の機能・役割、さらに人間本来の学ぶ様式の学校からの解放を説く。従来の教育学・教育法学に対しポレミッシュな問題を提起。
太田周二郎著 **高校生のゆううつ** ―規則と自由のはざまにて― 四六判・130頁・1680円	校則は子どもの権利保障の問題だけでなく、日本社会の構造や社会意識の問題である。213校の校則の検証・分析を通して、問題点を考察するとともに、教育学・教育法理論にひそむ課題を具体的に検討。教育の新たな方向を探求。
棚瀬孝雄編［現代法双書］ **現代法社会学入門** 四六判・366頁・3045円	社会理論・経済学・心理学等を積極的に吸収し、固有の学を追求しようとする今日の法社会学の到達点を知るのに最適。「法」「裁判」「権利」の3編構成でまとめたアクチュアルな法社会学の入門書。

━━━ 法律文化社 ━━━

表示価格は定価（税込価格）です